Du bist schön

Was Gott sieht, wenn er dich anschaut

Jenna Lucado

mit Max Lucado

SCM Hänssler

SCM

Stiftung Christliche Medien

Bestell-Nr. 395.225
ISBN 978-3-7751-5225-9

Internet: www.scm-haenssler.de
E-Mail: info@scm-haenssler.de
Übersetzung: Herta Martinache
Umschlaggestaltung: OHA Werbeagentur GmbH, Grabs, Schweiz;
www.oha-werbeagentur.ch
Titelbild: shutterstock.com
Satz: Breklumer Print-Service, Breklum
Druck und Bindung: CPI – Ebner & Spiegel, Ulm
Printed in Germany

Ich kann träumen, weil du gesagt hast: »Ich glaube an dich.«
Ich kann aufrecht stehen, weil du gesagt hast:
»Ich bin stolz auf dich.«
Ich kann lieben, weil du gesagt hast: »Ich liebe dich.«
Und ich weiß, wer ich bin, weil du gesagt hast: »Du bist mein.«

Meinem irdischen Vater und meinem himmlischen Vater sage ich: Wegen euch kann ich dieses Buch schreiben. Dieses Buch ist für euch.

Inhalt

Anmerkung von Jenna

An manchen Tagen mag ich ihn. Meistens hasse ich ihn. Aber ich muss zugeben, dass er ehrlich ist. Wenn Essensreste zwischen meinen Zähnen hängen oder ich mir dringend die Nase putzen sollte, dann macht er mich darauf aufmerksam. Er hat keine Hemmungen, mich wissen zu lassen, dass meine Bluse zu eng ist oder mir eine bestimmte Farbe nicht steht. Ich weiß seine Ehrlichkeit zu schätzen, aber trotzdem betrügt er mich. Denn jedes Mal, wenn er zu mir sagt: »Kauf dir diese tolle Bluse, mit ihr fühlst du dich wohler in deiner Haut« oder: »Nimm einfach fünf Kilo ab, dann wirst du immer glücklich sein«, dann funktioniert das nicht. Für ihn bin ich nie gut genug.

Ich versuche, nicht allzu viel Zeit mit ihm zu verbringen, denn sonst tappe ich leicht in seine Entmutigungs-Falle. »Jenna, du hast Zellulitis. Deine Haut ist zurzeit ziemlich fettig. Deine Zähne könnten weißer sein.« Ich versuche, seine Lügen zu verdrängen, mit denen er mir vormacht, dass ich nicht gut genug und nicht schön sei. Aber das ist gar nicht so leicht.

Ich bin sicher, dass du ihn kennst. Er taucht an allen möglichen Orten auf: in Badezimmern, Autos, Kaufhäusern, Fitnessstudios. Und ich bin davon überzeugt, dass du dich auch schon unsicher gefühlt hast, wenn du vor ihm standest.

Wie er heißt?

Spiegel.

Leider sagt mir der Spiegel selten, wie schön ich bin. Er bemerkt nie, dass ich meiner Mutter geholfen habe, die Küche aufzuräumen, oder dass ich mich in der Mittagspause nicht am Klatsch beteiligt habe. Sogar wenn meine Frisur perfekt sitzt, fällt ihm der Pickel auf meiner Nase auf. Wegen ihm frage ich mich manchmal, ob das Wort *schön* jemals auf mich zutreffen wird.

Schön: Adjektiv

1. Besitz von attraktiven Eigenschaften, die beim Sehen, Hören, Nachdenken usw. großes Vergnügen oder Zufriedenheit hervorrufen.
2. Großartig.
3. Besonders reizvoll, lieblich oder hübsch. …

Okay, das kann die Definition von *schön* im Wörterbuch sein, aber kehren wir zur Wirklichkeit zurück. Der Spiegel scheint, zusammen mit seinen Kumpels Fernsehen und Zeitschriften, zu bestimmen, was schön und was nicht schön ist. Wir haben es hingenommen, dass Jungs uns sagen, ob wir schön sind oder nicht, und manchmal haben wir sogar zugelassen, dass die beliebtesten Mitschülerinnen bzw. Kolleginnen festlegen, was Schönheit ist.

Aufgrund dieser tausend Definitionen von Schönheit sind wir leicht verwirrt und es fällt uns schwer, uns als schön wahrzunehmen. Doch die Wahrheit ist, dass der Spiegel nichts verstanden hat! Er benutzt nie die richtige Definition, also diejenige, die klar und deutlich erklärt, was »schön« wirklich bedeutet:

Schön: was Gott sieht, wenn er dich anschaut.

Was bedeutet schön für dich? Denk an jemanden in deinem Leben, den du schön findest. Warum ist er oder sie für dich schön?

Keine Sorge, wir werden auch über all die Dinge sprechen, die uns wichtig sind: unser Erscheinungsbild, unsere Kleidung, unsere Freundinnen. Wir werden einige Geheimnisse verraten, uns nichts vormachen, wenn wir über unser Leben, unsere Träume, unsere Eltern und Gott sprechen, und natürlich werden wir uns auch mit Männern befassen!

Das Wichtigste: Wir werden über die wirkliche Bedeutung von *schön* sprechen, auf den Spiegel pfeifen und herausfinden, wie wirkliche Schönheit unser Leben zwanzigtausend Mal besser macht.

Jenna

Kapitel eins
Eigenartig ist schön

Ich bin eigenartig.

Wirklich.

Wenn die Zeitschrift *In Style* mein Aussehen umschreiben müsste, würden sie bestimmt Ausdrücke wie »kreativ salopp« oder »zusammengewürfelte Eleganz« verwenden (obwohl *In Style* niemals einen Bericht über mich schreiben würde, da mein Stil nicht unbedingt *in* ist).

Wie ist *dein* Stil? Die zerzauste Diva, die im letzten Moment aus dem Bett steigt, sich schnell das Erstbeste überwirft, das gerade aus dem Schrank fällt, die Lieblingsohrringe ansteckt, zur Schule oder zur Arbeit rennt, unterwegs den Lippenstift aufträgt und immer noch ihre Bettfrisur hat? Oder vielleicht die Sportskanone, die in den neuesten Nikes, der Kapuzenjacke mit dem gleichen Logo und mit Pferdeschwanz in der Schule erscheint? Oder bist du trendig, künstlerisch angehaucht, edel oder einfach nur desinteressiert? Wir alle haben ein bestimmtes Erscheinungsbild. Wie ist meines? Nun … es ist eigenartig.

Wir halten die Mode für unseren Stil, aber unser Stil beinhaltet doch viel mehr als das. Unsere verrückten Gewohnheiten, Marotten und ehrlichen Überzeugungen sind das Zubehör. Das sind die Accessoires, die man wahrnimmt, wenn man hinter unseren Kleidungsstil sieht und unseren wirklichen Stil erkennt. Das ist, was unsere besten Freundinnen sehen, weil sie uns so gut kennen. Das ist, was Gott sieht. Aber ich muss ehrlich sein. Mein Stil ist eigenartig, sowohl innen als auch außen.

Wenn ich eine Liste all meiner seltsamen Gewohnheiten und Marotten aufstellen würde, dann wette ich hundert Euro, dass diese Liste so lang würde, dass man sie um die Erde wickeln könnte, wie ein Geschenkband um ein Weihnachtspäckchen. Und das, obwohl der Erdumfang etwa 40 000 Kilometer beträgt. Niemand kann *so* eigenartig sein … oder doch? Was denkst du darüber? Hier die Kurzfassung meiner Liste »Warum bin ich eigenartig?«

1. **Rate mal, welches Kosmetikprodukt für mich ein absolutes Muss ist!** Schieß los! Denkst du an einen Clinique Lippenstift? An Bobbi Brown Rouge? MAC Mascara? Alles recht hübsch, aber nein und nochmals nein. Das Eine, ohne das ich nie das Haus verlasse ist … Vaseline. Jawohl, Vaseline. Ein Töpfchen Vaseline ist bei mir schneller aufgebraucht als eine Tafel Schokolade. Ich finde Vaseline einfach klasse. Sie ist meine Allzweck-Wundersalbe. Ich benütze sie als Lipgloss, zum Abschminken und als Lotion. Wenn meine Haare elektrisch aufgeladen sind und fliegen, bändige ich sie mit einem winzigen Klecks Vaseline. Für mich ist Vaseline so notwendig wie Wasser und Sauerstoff. Wenn es um mein Aussehen geht, ist Vaseline eines der wesentlichsten Dinge.

2. **Die eine Farbe, die für mich nicht in Frage kommt, ist Rosa.** Ich kann Rosa nicht leiden. Es ist mir egal, wenn in der *Vogue* steht, dass Rosa »in« ist. Es ist mir egal, wenn *Glamour* Rosa »die heiße Farbe« nennt. Ich trage es nicht. In meinem Zimmer gibt es nichts in dieser Farbe. Wenn Rosa ein Geruch wäre, würde ich mir die Nase zuhalten. Wenn Rosa ein Feiertag wäre, würde ich ihn nicht begehen. Wenn Rosa ein Nahrungsmittel wäre, würde ich es nicht essen. Für andere mag es klasse sein, aber nicht für mich.

3. **Anstatt vor Freude zu kreischen, wenn ein hübsches Paar Schuhe im Sonderangebot ist,** gerate ich, die Spinnerin, aus dem Häuschen, wenn es im Supermarkt eine Großpackung Schokoriegel im Sonderangebot gibt. Es vergeht kein Tag, an dem ich mir keine Süßigkeiten in den Mund stecke. In der Tat habe ich gerade ein Bonbon im Mund, da mir allein bei dem Gedanken daran über der Tastatur das Wasser im Mund zusammenläuft. Eine große Tü-

te mit süßen Leckereien wäre mir jederzeit lieber als eine Krokodilledertasche von Chanel.

Schönheitstipp

Tipps mit Vaseline

Okay, du lachst vielleicht, aber ich glaube, dass Vaseline nicht genug geschätzt wird. Probier doch einfach mal diese coolen Verwendungsmöglichkeiten meiner Wundersalbe:

- Nagelhautcreme
- Fußcreme (nach dem Auftragen Socken anziehen, denn Vaseline und Teppichböden sind keine ideale Kombination!)
- Zum Abschminken
- Zum Bändigen von elektrisierten Haaren

Wer hätte gedacht, dass in einem kleinen, erschwinglichen Töpfchen Petrolatum so viel steckt?

Das Tolle ist, dass nicht nur ich eigenartig bin. Jede von uns ist auf ihre eigene Weise eigenartig. Denk doch kurz darüber nach. Was sind die wesentlichen Faktoren deines Erscheinungsbildes, aufgrund deren du dich wie *du* fühlst? Muss alles zusammenpassen? Müssen Gürtel, Schuhe, Handtasche, Rock und sogar das Haarband und die Socken aufeinander abgestimmt sein? Ist *Make-up* für dich ein Schimpfwort oder Barbie eine Superheldin? Vielleicht trägst du nur dunkle Blusen, damit man Schweißflecken nicht sieht. (Oder bin ich das?) Wie steht es mit den Gewohnheiten und Charaktereigenschaften, die dich einzigartig machen? Schläfst du mit fünf Kissen? Verpasst du keine Folge der »Lindenstraße«? Trägst du immer rote Unterwäsche, wenn deine Lieblingsfußballmannschaft spielt? Zählst du bis 138, wenn du deine Zähne putzt? Nicht bis 140 oder 150, sondern bis 138?

Nimm dir eine Minute Zeit und schreibe ein paar deiner Gewohnheiten, Vorlieben, Abneigungen, Persönlichkeitsmerkmale und die wesentlichen Faktoren deines einzigartigen Erscheinungsbildes auf. Mit anderen Worten: Was macht dich eigenartig?

Meine einzigartigen Charaktereigenschaften	*Wesentliche Faktoren meines Erscheinungsbildes*

Siehst du? Auch du bist eigenartig! Aber das ist in Ordnung. Eigenartig ist schön! Eigenartig sein ist das, was dich ... nun ... zu *dir* macht!

Schönheitstipp

Nimm dein Eigenartigsein an

Einer meiner größten Modefehler war, dass ich versuchte, jemand anderes zu sein als mein eigenes, eigenartiges Ich. Wenn man versucht, jemand zu sein, der man nicht ist, sieht man nicht gut aus. Erstens ist es nicht natürlich und zweitens kostet es zu viel Energie. Also nimm dein Eigenartigsein an, schönes Ich! Ich verspreche dir, dass du als du selbst schöner aussiehst!

Warum wir eigenartig sind

Ich habe mich immer wieder gefragt, warum wir so sind, wie wir sind. Warum bin ich eigenartig? Warum schmieren manche Menschen Mayonnaise mit Nutella auf ihr Brot? Warum tragen einige nur ausgebeulte Jeans? Und wie wird eine Mode-Diva zu einer Mode-Diva?

Hier das Ergebnis meiner Überlegungen: Ich kann fast jede meiner eigenartigen Charaktereigenschaften und fast jeden einzigartigen Faktor meines Erscheinungsbildes auf den Einfluss eines Menschen in meinem Leben zurückführen.

Meine merkwürdige Bonbonsucht zum Beispiel kommt von meiner Mutter. Sie hatte immer Bonbons im Haus und kaufte sie in rauen Mengen. Sie war ganz verrückt nach der Sorte »Atomic Fireball«: runde, rote, steinharte Bonbons, die so scharf wie Chilischoten sind. Da ihr aber nur die scharfe äußere Schicht schmeckte, blieben all die süßen Füllungen auf den Arbeitsflächen der Küche liegen. Immer wenn eine kleine weiße Kugel über den Fußboden rollte, wusste jeder, dass Mama eines ihrer Lieblingsbonbons gelutscht hatte. Eines nach dem anderen steckte sie sich in den Mund und füllte den Abfalleimer mit Bonbonpapierchen. Bis heute verstehe ich nicht, warum die Schärfe der Fireballs ihr nicht fürs ganze Leben die Geschmacksknospen kaputt gemacht hat.

Und warum hasse ich Rosa? Nun, im Kindergarten fragte mich meine Freundin Mary einmal nach meiner Lieblingsfarbe. Als ich ihr sagte, dass es Rosa sei, machte sie sich über mich lustig: »Rosa ist eine blöde Farbe! Nur Modepüppchen mögen Rosa. Lila ist die beste Farbe der Welt.« An jenem Tag brach meine rosafarbene Welt zusammen. Von einer Rosa-Liebhaberin wurde ich zu einer Rosa-Hasserin. In meinem Kleiderschrank gibt es kein Pünktchen und keinen Streifen in Rosa!

Ist es nicht verrückt, wie solch ein scheinbar unbedeutendes Erlebnis in Wirklichkeit einen Teil von mir geprägt hat? Aber diese kleinen Erinnerungen, Menschen und Erlebnisse beeinflussen uns mehr, als wir denken. Sie können in der Tat unsere Persönlichkeit prägen.

Menschen können uns auch sehr negativ beeinflussen. Ich habe eine Liste von Ängsten und Unsicherheiten, die so lang ist wie meine »Warum bin ich eigenartig?«-Liste. Oft versuche ich auch, dem Ursprung meiner Unsicherheiten ein Gesicht zu geben. Diese negativen Charaktereigenschaften beeinflussen mein Erscheinungsbild genauso wie meine Marotten in puncto Mode. Schließlich hängt unser Erscheinungsbild nicht nur von unserem Aussehen ab. Es hängt auch davon ab, wie wir uns verhalten, wie wir uns von anderen wahrgenommen fühlen und welche Stimmung oder Haltung wir an den Tag legen. Hier einige der Unsicherheiten, mit denen ich mich von Zeit zu Zeit auseinandersetzen muss:

1. **Ich erwarte, dass die anderen mich nicht mögen.** Das liegt offensichtlich daran, dass ich zu sehr versuche, andere zu beeindrucken. Und das lässt sich bis in die vierte Klasse zurückverfolgen, als ich mich in diesen Jungen namens Steven verknallte. Er war mein erster Schwarm – nach dem Country-Sänger Randy Travis natürlich. Ich tat alles, was ich konnte, damit Steven mich mochte. Ich versuchte, lustig zu sein. Ich zog mich hübsch an. Ich betete jeden Abend, dass er mich mögen würde. Ich dachte schon, dass ich erfolgreich wäre – doch dann geschah es. Meine beste Freundin Amy sagte mir, er habe sie gefragt, ob sie mit ihm gehen wolle. Ich erinnere mich, wie ich neben ihnen in der Kirche saß, als er ihr einen Ring gab, den er aus Alufolie gebastelt hatte – mit einem Fruchtkaugummi als Stein. Mir brach das Herz. Ein blöder Ring aus Alufolie genügte, um mir den Gedanken einzupflanzen, dass ich nicht hübsch genug oder nicht gut genug bin und dass ich mich noch mehr anstrengen muss, damit die anderen mich mögen. Sogar jetzt noch strenge ich mich manchmal an, etwas Kluges oder Interessantes zu sagen, damit die anderen denken, dass das Zusammensein mit mir Spaß macht. Dann wieder rede ich mir im Voraus ein, dass eine bestimmte Person mich nicht mögen wird, damit ich nicht verletzt bin, falls es tatsächlich so kommt.

2. **Ich bin jemand, der es anderen immer recht machen will.** Ich tue alles, um Konflikten aus dem Weg zu gehen. Immer wenn ich in der Schule an einem Gruppenprojekt beteiligt war, wurde es zu einem Soloprojekt. Ich meldete mich stets freiwillig für alles, und meine Klassenkameraden wussten das. Wenn sie keine Lust hatten, die Schularbeiten zu machen, wussten sie, dass sie mich jederzeit anrufen konnten und dass ich die Last auf mich nehmen

würde. Das Wort *Nein* kommt nur schwer über meine Lippen und ich behaupte mich nicht genug, nur um Konflikten aus dem Weg zu gehen.

3. **Ich habe Angst zu versagen.** Jedes Mal, wenn ich vor einer neuen Aufgabe oder Chance stehe, habe ich das überwältigende Bedürfnis, nach Hause zu eilen und mein Kopfkissen nasszuweinen. Denn ich habe panische Angst, alles zu verpfuschen. Ich ertappe mich dabei, wie ich mir das Schlimmste ausmale, weil ich mich vor einer eventuellen Katastrophe fürchte, anstatt mich um die Verwirklichung meiner Träume zu bemühen. Diese Art Angst kann lähmend sein.

4. **Ich hatte Probleme mit meinem Aussehen.** Und manchmal habe ich sie immer noch. Meine Unsicherheit begann in der Mittelstufe, als alle Mädchen Brüste bekamen, nur ich nicht. Ich war, was meine Mutter eine »Spätentwicklerin« nannte. Ich hatte es mehr als satt. Ich war das einzige Mädchen von all meinen Freundinnen, bei der auf dem Brustkorb nichts knospte. Ich erinnere mich, wie ich mich im Umkleideraum in eine Ecke verdrückte, damit niemand sah, dass ich keinen BH trug. Als ich älter wurde, konzentrierte ich mich auf meine Unvollkommenheiten, dachte, dass ich nicht schlank genug oder meine Gesichtshaut nicht rein genug sei. Mit meiner Kleidung war ich nie zufrieden. Ich war unsicher bezüglich meines Erscheinungsbildes und schaute nur auf die negativen Aspekte meines Aussehens, anstatt zu versuchen, etwas Positives zu finden.

Wie steht es mit dir? Wo liegen deine Schwierigkeiten und Ängste? Mit welchen Unsicherheiten hast du zu kämpfen?

Ich fühle mich unsicher wegen:

Woher kommt das alles? Was mich betrifft, kann ich viele der Sorgen und Ängste, die ich beschrieben habe, auf den negativen Einfluss eines anderen Menschen in meinem Leben zurückführen.

Zum Beispiel war mein Klavierlehrer nicht gerade jemand, der mein Selbstwertgefühl stärkte.

Immer wenn ich ihn anschaute, sah ich Beethoven vor mir: einen brillanten Musiker, der dringend eine Aggressionsbewältigungs-Beratung nötig gehabt hätte. Sogar seine Haare waren so wild zerzaust wie die von Beethoven. Ich weinte vor jeder Klavierstunde und bat meine Mutter, mich nicht hinzuschicken. Meine Finger huschten über die Tasten und zitterten wie Wackelpudding. Ich wusste, wenn ich einen Fehler machte, würde mein Lehrer mich anschreien und mit seinen Fingern auf die Tasten schlagen, die ich verfehlt hatte. In den wenigen Jahren, die ich mit ihm verbrachte, sind meine Versagensängste immer größer geworden.

Später, wenn ein Lehrer mich wegen einer falschen Antwort zornig anblickte oder wenn ich in einem Volleyballspiel die letzte Angabe vermasselte, weckten die enttäuschten Gesichter um mich herum erneut diese Versagensängste.

Wie oft wünsche ich mir, dass das, was die Leute über mich sagen oder denken, mir nichts ausmachen würde. Ich sehne mich danach, mich so geliebt, so vollkommen und so schön zu fühlen, dass die verletzenden Worte anderer mir nichts anhaben können. Ich wünsche mir Selbstvertrauen, ein Vertrauen, das stark genug ist, dass es sich gegen die Steine wehren kann, die auf mich geworfen werden oder von denen ich annehme, dass jemand sie auf mich werfen will. Hast du dir das auch schon gewünscht?

Im Studium lernte ich ein Mädchen kennen, das Selbstvertrauen ausstrahlte. Sie hieß Melanie. Sie mochte jeden und jeder mochte sie. Sie war die geborene Anführerin und hatte viele Freunde. Jedes Mal, wenn wir uns zufällig trafen, nahm sie sich die Zeit, sich meine Probleme anzuhören, mich zu ermutigen und zum Lächeln zu bringen. Sie war nie besonders schick gekleidet. Wenn ich mich recht erinnere, habe ich sie nie geschminkt gesehen. Aber ihr Erscheinungsbild drückte aus: »Ich bin mit mir zufrieden. Ich fühle mich sicher und bin zuversichtlich.« Dieses Selbstvertrauen bewirkte eine Schönheit, die ich vorher bei Gleichaltrigen nie gesehen hatte. Es war nicht die Art Erscheinungsbild, das man in Zeitschriften findet, aber es war ein Erscheinungsbild, das ich mir für mich wünschte.

Wie bekommt man dieses Erscheinungsbild?

Wie kann man Melanies Erscheinungsbild bekommen? Wie können wir uns so wohl in unserer Haut fühlen, dass wir aufrecht dastehen, unser Blick fest wird, unsere Ängste verschwinden und unsere Unsicherheiten bezüglich Männern und Freundinnen einem unerschütterlichen Selbstvertrauen weichen?

Ich würde gerne Melanies geheime Modeaccessoires verwenden. Aber bevor ich das bekommen kann, was sie hat, muss ich Platz schaffen. Etwas muss verschwinden. Es gibt Zeiten, da öden mich alle meine Kleidungsstücke an. Ich habe mein Outfit satt. Immer, wenn das so ist, starte ich eine Aufräumaktion. Ich räume jeden Zentimeter meines Schrankes leer und sortiere alte Blusen, Schuhe und Handtaschen, die mich an mein altes Aussehen erinnern, aus.

Wir alle müssen eine Aufräumaktion starten, aber nicht in unserem Kleiderschrank. Und du wirst wahrscheinlich erstaunt sein, wie dein neues Erscheinungsbild alles in deinem Leben beeinflussen kann. Außerdem kostet es nichts! Wir werden ein bisschen in unserem Herzen aufräumen. Befreien wir uns doch von all dem negativen Zeug, das uns daran hindert, ein neues Erscheinungsbild zu bekommen, eines, das Freude ausstrahlt, das vor Selbstvertrauen sprüht und das aussagt: »Ich bin schön und wunderbar gemacht.«

Es wird Zeit, *schön* neu zu definieren.

Kapitel zwei

Das Deo vergessen

Ich vergesse immer wieder, ein Deo zu benutzen. Das Schlimmste dabei ist der Augenblick, wenn ich merke, dass ich kein Deo aufgetragen habe. Sofort fühle ich mich unsicher. Die Nerven setzen die Schweißdrüsen in Gang und die Schleusen werden geöffnet. Sobald ich die Feuchtigkeit in den Achselhöhlen spüre, wird meine Nervosität noch größer und der Schweiß rinnt noch stärker; ein richtiger Teufelskreis beginnt.

Neulich beschloss ich, schnell ein paar Besorgungen im Einkaufszentrum zu machen. Es war das totale Chaos. Ich war aus dem Haus geeilt, ohne mir vorher die Zähne zu putzen. Die Hälfte meines Haares war zu einem Pferdeschwanz zusammengebunden. Die andere Hälfte? Nun, ich habe keine Ahnung, was mit der anderen Hälfte los war. Ich weiß nur, dass mir die Haare ins Gesicht hingen. Nachdem ich die Hälfte der Einkäufe getätigt hatte, schaute ich nach unten und entdeckte etwas, was meinen Schlabber-Look noch verschlimmerte: Ich hatte Hausschuhe an!

Schönheitstipp

Wie man Unverzichtbares nicht vergisst

Ich habe zwei Dinge gelernt: Erstens: in peinlichen Situationen über mich selbst lachen und zweitens: mithilfe von kleinen Tricks bestimmte Dinge nicht vergessen – zum Beispiel, indem ich ein zusätzliches Deo in meine Handtasche oder meinen Rucksack stecke.

Um dir einige möglicherweise demütigende Erfahrungen zu ersparen, könntest du ein paar unverzichtbare Dinge, wie ein Deo, Tampons und vielleicht ein paar Haargummis für spontane Pferdeschwanzfrisuren in einen hübschen Kosmetikbeutel packen. Diesen kannst du immer im Auto, in deinem Rucksack oder deinem Spind lassen. (Wenn jemand einen Tipp hat, wie man an Schuhe denkt, dann sagt mir Bescheid!)

Wenn meine Freundinnen und ich über peinliche Situationen wie die eben genannte sprechen, dann können wenige auf das, was ich getan habe, noch etwas draufsetzen. Kannst du es?

Beschreibe die peinlichste Situation, in der du jemals warst, weil du etwas vergessen hattest.

Entbehrliche Modeaccessoires

Viele Artikel in Modezeitschriften übertreiben maßlos mit dem, was angeblich für den »Look der Saison« ein absolutes Muss ist. Man sollte unter keinen Umständen das Haus ohne jene kultige Handtasche oder die neuen Ballerinas im Metallic-Look verlassen, und warum nicht gleich Grundierung, Puder und Lidschatten auf all das abstimmen? Hauptsache, die Verkaufszahlen steigen und wir kaufen, kaufen, kaufen.

Hoffentlich wissen wir im Herzen, dass wir auch ohne die neuesten trendigen Accessoires okay sind. Die letzten Modeneuheiten sind oft gar nicht so unentbehrlich, wie sie scheinen. Wirklich, mit einem Paar Schuhe und einem Deo bin ich zufrieden!

Außer Schuhen und der Bekämpfung von Schweißgeruch gibt es ein paar Dinge, die Gott bei jeder Frau wichtig findet – und ich spreche jetzt nicht über Modeaccessoires. Wirkliche Schönheit hat mit diesen Dingen nur wenig zu tun. Hast du schon einmal eine Frau gesehen, die sich grauenhaft anzieht, aber dies mit solchem Selbstbewusstsein tut, dass ihr Stil cool wirkt? Nicht die Kleider, die sie trägt, machen sie attraktiv. Unser wirkliches Erscheinungsbild beruht darauf, wer wir innen drin sind. Ob du es glaubst oder nicht, unser äußeres Erscheinungsbild wird von unserem Inneren, unserem Herzen geprägt. Denk darüber nach. Hast du schon einmal jemanden gesehen, der so gestresst oder aufgebracht war, dass sich sein Aussehen veränderte? Warst *du* schon einmal so gestresst? Ein verkniffenes Gesicht, ein barscher Ton oder große Ungeduld mit anderen sind nur ein paar Beispiele. Wie auch immer die Reaktion aussieht, das Ergebnis ist immer das Gleiche: du bist nicht *du*!

Wenn wir nicht die richtigen inneren Accessoires besitzen, sehen wir nicht schön aus, egal wie hübsch wir uns äußerlich zurechtgemacht haben. Und woher bekommen wir diese Accessoires? Um welche Accessoires geht es überhaupt? Was brauchen wir wirklich?

Schreib die Accessoires auf, die du in deinem Leben für erforderlich hältst:

Manchmal wissen wir nicht wirklich, was wir brauchen, und manchmal glauben wir, dass wir Dinge brauchen, die eigentlich unnötig sind …

Weniger ist mehr

Als ich etwa vierzehn Jahre alt war, machte ich Gott Vorwürfe, weil er vergessen hatte, mir ein Accessoire zu schenken, das alle meine Freundinnen hatten: einen Freund. Ich dachte, es sei unfair, dass sie alle einen Freund hatten, der ihnen sagte, wie schön sie waren. Ich hielt es für unfair, dass sie jemanden hatten, für den sie sich hübsch machten. Und besonders unfair fand ich es, dass sie einen Namen hatten, den sie auf alle ihre Hefte und Notizblocks kritzeln konnten. Ich wollte einen Namen, den ich in kunstvollen Schriften auf die leeren Ränder meiner Spiralblocks malen konnte.

Ich ❤ ....

Ich flehte Gott wegen eines Freundes an. Endlich, gegen Ende des Jahres, fand ich einen! Er war süß, lustig, nett, süß, groß, sportlich … und habe ich süß schon erwähnt?!

Nach ein paar Monaten Ausgehen, Schmetterlingen im Bauch und Händchenhalten geschah das Schlimmste: Er und seine Familie zogen um. Sie zogen um! Mein allererster süßer, beliebter, lustiger Freund verließ Texas und zog nach New Jersey! Ich war richtig wütend auf Gott! Was dachte er sich dabei? Ich hatte den Eindruck, er habe einen Teil von mir herausgerissen. Er hatte mir einen wesentlichen Teil meines Erscheinungsbildes, ein Stück von mir selbst, weggenommen!

Im Nachhinein kann ich verstehen, warum Gott mich von meinem Freund trennen wollte. Zu jenem Zeitpunkt in meinem Leben hielt ich es nicht für so wichtig, in körperlicher Hinsicht Grenzen zu setzen. Meine Freundinnen prahlten, wie weit sie mit ihren Freunden gingen, und ich wollte das Gleiche tun. Ich wuchs mit dem Wissen auf, dass ich bis zu meiner Hochzeit Jungfrau bleiben sollte. Aber ich dachte, dass alles außer Geschlechtsverkehr erlaubt sei. Nun, Gott hat mich vor viel Kummer bewahrt. Wenn mein Freund in der Stadt geblieben wäre, hätte ich ihm einen riesigen Teil meines Herzens, der nicht für ihn bestimmt war, geschenkt.

Allzu oft denken wir, dass wir etwas Bestimmtes brauchen, das Gott uns nicht gegeben hat, während er uns in Wirklichkeit vor etwas schützt, das uns schaden würde. Ein Grundsatz in der Modewelt lautet: Manchmal ist weniger mehr. In diesem Fall war »weniger Freund« genau das, was ich für mein Erscheinungsbild brauchte.

Welche Dinge hast du dir schon einmal brennend gewünscht und im Nachhinein erkannt, dass Gott dich bewahrt hat, als er sie dir nicht gegeben hat?

So war also mein Freund ein entbehrliches Accessoire.

Es gibt jedoch Menschen, denen Dinge fehlen, die sie wirklich brauchen: liebevolle Eltern, ein ermutigender Lehrer oder eine wirklich gute Freundin, jemand, mit dem man die ganze Nacht über aufbleiben, Filme anschauen und Geheimnisse austauschen kann. Manchmal verabscheuen wir Frauen es, in den Spiegel zu schauen. Wir finden uns hässlich, weil niemand da ist, der uns sagt, dass wir schön sind.

Oder wir werden am Wochenende nicht eingeladen wie die anderen. Es gibt Zeiten, in denen wir uns einsam oder ausgegrenzt fühlen. In solchen Zeiten ist es besonders wichtig, nach den richtigen Accessoires zu suchen. Um welche Accessoires geht es? Hier ist eine Liste meiner acht wichtigsten Accessoires fürs Leben:

- Sicherheit – das Vertrauen, dass wir einen Gott haben, der uns liebt, egal was geschieht
- Identität – wissen, wer wir sind und wem wir gehören
- Wert – wissen, dass wir wert geachtet sind
- Liebe – um Gottes Liebe zu uns wissen, damit wir andere lieben können
- Selbstbeherrschung – damit wir gute Entscheidungen treffen können
- Frieden – glauben, dass Gott Herr der Lage ist
- Freude – die Quelle aller Freude kennen
- Zufriedenheit – zufrieden damit, wie Gott dich geschaffen hat

Ich habe entdeckt, dass das Tragen dieser Accessoires (besonders aller auf einmal) Menschen innerlich und äußerlich schön macht. Menschen, die diese acht wesentlichen Accessoires angezogen haben, sind die Menschen, mit denen ich am liebsten zusammen bin.

Leider können wir diese Accessoires weder in einem Nobelkaufhaus noch im Discountladen kaufen. Schade, ich weiß. Es gibt sogar Menschen und Dinge in unserem Leben, die diese wesentlichen Accessoires des Herzens von uns fernhalten. Und manchmal können wir diese Accessoires nicht bekommen, weil wichtige Faktoren in unserem Leben fehlen.

Wenn du jemals den Eindruck hattest, dass dir einige dieser Accessoires fürs Leben fehlen, dann befindest du dich in guter Gesellschaft.

Welche dieser Accessoires trägst du regelmäßig? Welche wünschst du dir? Gibt es Menschen in deinem Leben, die einen Einfluss darauf hatten, ob du einige dieser Accessoires fürs Leben trägst oder nicht?

Ein Mensch, der großen Einfluss auf mein Leben hatte, war mein Vater. Da er zu Sandalen Socken trägt, wende ich mich nicht unbedingt an ihn, wenn ich Fragen in puncto Mode habe ... eigentlich frage ich ihn nie, wenn es um Mode geht. Aber über die Accessoires für mein *Leben* hat er mir viel beigebracht. Er hat mich auf vielfältige Weise herausgefordert und geprägt. Mein Vater erinnert mich daran, dass ich schön bin, innerlich und äußerlich, und er hat mir beigebracht, echte Schönheit zu finden und zu besitzen.

In den folgenden Kapiteln werden wir einige Zeit mit meinem Vater, Max Lucado, verbringen.

Kapitel drei

Sonnenbrand durch die Hintertür

»Papa, hör auf!« Wie oft habe ich das als Teenager gerufen. Egal, ob es darum ging, seinen albernen Tanzbewegungen oder seinem lauten Singen in der Öffentlichkeit ein Ende zu bereiten – ich stieß ihn in die Rippen oder zog an seinem Hemd, um peinliche Handlungen zu stoppen.

Letztendlich lernte ich aber all seine »peinlichen« Marotten zu schätzen und jetzt bin ich zutiefst dankbar für seinen Einfluss auf mein Leben. Doch nie hätte ich mir träumen lassen, wie wichtig ein Vater sein kann.

Die wirkliche Anteilnahme eines Vaters an der Schullaufbahn seines Kindes »steht in Zusammenhang mit besseren Schulnoten«.[1] Es wird berichtet, dass »die Hälfte aller Kinder aus Familien mit gemeinsam erziehenden Eltern, deren Väter intensiv an der schulischen Laufbahn teilhatten, bis zur zwölften Klasse meist sehr gute Noten bekam, verglichen mit 31,7 Prozent der Kinder, deren Vater nicht aktiv teilhatten«.[2]

Kaufst du die meisten deiner Klamotten in einem bestimmten Geschäft? Manchmal sagt meine Freundin zu mir: »Du stehst echt auf ›Forever 21‹!« Wenn jemand dich hinsichtlich deines Kleidungsstils in eine bestimmte Schublade stecken wollte, welches Geschäft würde er dann nennen? H&M? Vielleicht denkst du: »Ich kaufe fast alle Klamotten im Second-Hand-Laden.« Oft bestücken wir unseren Kleiderschrank einfach in einem Kaufhaus. Väter sind wie eine Art Kaufhaus. Zum großen Teil wird unser Stil vom Einfluss unseres Vaters und von unserer Beziehung zu ihm geprägt. Ich spreche jetzt nicht nur über das Äußere (obwohl unsere Väter unser Aussehen beeinflussen können). Sondern Väter helfen uns dabei, die Grundbausteine im Leben zu finden, die bestimmen, wer wir sind, wie wir uns selbst und die Menschen in unserem Umfeld sehen. Mit anderen Worten, sie beeinflussen unsere Perspektive.

Und unsere Perspektive bestimmt unseren Blick auf alle Aspekte und Bereiche des Lebens und alle Menschen in unserem Umfeld: Entweder zeigt uns unsere Perspektive die Welt in einem langweiligen Grau oder sie bringt Farbe in unser Leben und macht alles schöner.

Es ist verrückt, aber die Liebe unseres Vaters kann unsere Art zu sehen total verändern.

Der international bekannte Psychologe Dr. Kevin Leman hat sich in seinen Forschungsarbeiten viel mit der Vater-Tochter-Beziehung beschäftigt. Er sagte: »Der [wichtigste] Grundstoff im Leben einer jeden Frau ist die Beziehung zu ihrem Vater.«[3]

Das ist so, weil Gott die Liebe eines Vaters als wesentlichen Baustein im Herzen eines Mädchens vorgesehen hat. Wenn aber Väter der Schlüssel für die Prägung der Frau, die wir werden, sind, stehen wir vor einem Riesenproblem: Es gibt viele Mädchen ohne Vater und leider auch viele Mädchen, die zwar einen Vater haben, aber keinen guten.

Zum Nachdenken: »Wenn man eine Karte von Amerika nähme, durch die Mitte des Landes eine Linie zöge und auf eine Seite all die Kinder stellte, die zwischen ihrer Geburt und dem Alter von achtzehn Jahren mit ihrem Vater aufwachsen, und auf die andere Seite all jene Kinder, die ohne Vater aufwachsen, dann wären auf jeder Seite der Linie ungefähr gleich viele Kinder.«[4]

Vielleicht hast du deinen Vater nie gesehen oder er ist gestorben oder weggezogen. Oder möglicherweise wohnt er im selben Haus wie du, aber du sehnst dich nach dem Wissen, dass er dich liebt. Und deshalb musst du dich mit vielen Unsicherheiten herumschlagen.

Vielleicht stehst du auf der anderen Seite der Linie und hast eine tolle Beziehung zu deinem Vater.

Väter üben einen bedeutungsvollen Einfluss auf das Leben ihrer Töchter aus, sowohl zum Guten als auch zum Bösen …

Maggie

Maggie ist sechzehn Jahre alt. Als ich sie nach ihrem Vater fragte, lachte sie verlegen. »Ich weiß nicht. Ich mache mir nicht viel aus ihm. Ich glaube, ich mag ihn, aber eigentlich denke ich nicht oft an ihn.«

Ihre traurigen Augen wichen meinem Blick aus. Ich konnte sehen, wie verletzt sie war. Sie trat von einem Fuß auf den anderen, scharrte mit der Schuhspitze im Dreck und wusste nicht, was sie sonst noch sagen sollte.

Ich half etwas nach: »Leben deine Eltern noch zusammen?«

»Nein.«

»Wie lange hat er mit dir zusammengewohnt?«

»Er ist weggegangen, als ich noch ziemlich klein war. Ich erinnere mich, wie es war, als ich ihn einmal besucht habe. Ich war vielleicht sieben oder acht Jahre alt. Er hat gesagt, ich sei dick geworden, seit er mich das letzte Mal gesehen hat.« Sie lachte nervös.

Mallory

Mallory ist fünfzehn Jahre alt. Sie wohnt bei ihrem Stiefvater. Sie sagte, sie könne die Ausdrücke nicht aussprechen, mit denen er sie betitelte. Sie seien zu schmutzig. Sie erzählte mir nur, dass er sie dumm, hässlich und blöd nannte – und sie begann zu weinen. Dann fiel mein Blick auf ihre Arme und ich sah die Narben.

»Eines Tages habe ich angefangen, mir die Haut aufzuritzen«, schluchzte sie.

»Warum?«, fragte ich.

»Mein ganzes Leben lang hat mein Stiefvater mich angeschrien, wenn ich geweint habe: ›In meinem Haus wird nicht geweint!‹« Es stellte sich heraus, dass die Selbstverletzung eine Möglichkeit für Mallory ist, den Schmerz zu fühlen, den sie zu Hause nicht fühlen darf.

Frauen erinnern sich an die Zeiten, die ihr Vater mit ihnen verbracht hat, ob Papa da war, um ihren Freund zu begrüßen, ihr einen Abschiedskuss vor dem Abschlussball zu geben oder ihr bei den Hausaufgaben zu helfen … und sie erinnern sich daran, wenn er nicht da war.

Gekochte Nudeln und Revlon Lippenstift

Im Sommer gehe ich gerne zum See. Meine Familie und ich fuhren oft vom Sonnenaufgang bis zum Sonnenuntergang in einem Boot auf dem See umher. Unser Vater zog uns auf den Wasserskiern und wirbelte uns an der Halteleine herum, bis unsere Arme so weich wie gekochte Nudeln waren. Ich ging unter anderem so gerne zum See, weil ich dort jene lang ersehnte (und dringend nötige) Bräune bekam. Am liebsten war es mir, wenn die Sonne hoch am wolkenlosen Himmel stand. Meine weiße, fast durchschimmernde Haut sog die Sonne in sich auf, wie ein Schwamm Wasser aufsaugt.

An einem Morgen wollte ich am See spielen, aber die Sonne versteckte sich hinter einer dicken Wolkendecke. Ich versuchte, sie zu überreden, im Laufe des Tages herauszukommen, doch sie nahm keine Notiz von mir. Wirklich gemein! Da die Sonne mich ablehnte, lehnte ich das Sonnenschutzmittel ab. Schließlich gab es nichts, wogegen ich mich schützen musste, oder? Mensch, wie ich mich getäuscht hatte!

Am nächsten Morgen schlief ich tief wie ein Bär im Winter, bis ich mich umdrehte. Sich im Bett umzudrehen ist normalerweise nichts Besonderes. Doch an diesem Morgen war es anders. Ich schrie so laut, dass man hätte denken können, jemand hätte mich mit einer Gabel gestochen. Meine Haut war verbrutzelt wie die eines Brathähnchens und rot wie ein Revlon Lippenstift. Wie konnte das passieren? Den ganzen vorhergegangenen Tag war die Sonne nicht zu sehen gewesen!

Nun, nur weil ich die Sonne nicht sehen konnte, bedeutete das nicht, dass sie mich nicht sehen konnte. Nur weil ich nicht fühlte, wie die UV-Strahlen meine schutzlose Haut zerstörten, bedeutete das nicht, dass sie mich nicht erbarmungslos verbrannten.

Schönheitstipp

Schütze deine Haut

Immer wenn meine Mutter mich aufforderte, mich mit Sonnenschutzmittel einzucremen, antwortete ich ihr: »Mama, ich nehme kein Sonnenschutzmittel, weil ich meine Grundbräune für diesen Sommer aufbaue.« Mann, wie ich mich irrte! Ich habe schmerzhaft am eigenen Leib erfahren, dass es keinen Grund dafür gibt, sich die Haut verbrennen zu lassen. Abgesehen von der Vorbeugung gegen Hautkrebs schützt ein Sonnenschutzmittel auch vor vorzeitiger Hautalterung.

Also sei vernünftig! Verwende ein Sonnenschutzmittel nicht nur, wenn du in der Sonne liegst oder Sport machst, sondern probiere mal eine Feuchtigkeitscreme oder eine Grundierung mit Sonnenschutzfaktor für den täglichen Gebrauch.

Wie ein unvorhergesehener Sonnenbrand an einem wolkenverhangenen Tag können uns unerwartete Nebenwirkungen unserer Beziehung zu unserem Vater einholen, wenn wir uns in Sicherheit wiegen. Gerade wenn wir denken, dass wir keine emotionalen Narben haben, wenn wir glauben, unser Vater habe keinen Einfluss auf unser Sosein … *dann* geschieht etwas! Shawn zum Beispiel wird sich bewusst, dass sie jedes Mal, wenn sie mit einem Mann allein ist, eine Magenverstimmung bekommt. Denn immer, wenn sie mit ihrem Vater allein war, hat er sie missbraucht. Lauren erkennt, dass sie keinen Respekt vor Autorität hat, weil ihr Vater ihr alles gibt, was sie will. Katy realisiert, dass sie Angst vor der Ehe und vor Intimität hat, weil sie miterlebt, wie die Ehe ihrer Eltern auseinanderbricht. Lesley ist nur glücklich, wenn sie einen Freund hat, weil sie sich nach der Aufmerksamkeit eines Mannes sehnt, die sie zu Hause nicht bekommt. Kylie denkt, sie sei nicht schön, klug oder gut genug, weil sie für ihren Vater nie schön, klug oder gut genug war.

Kannst du dich mit einem dieser Mädchen identifizieren?

Ich hoffe, dass dein Vater die Vorstellung, die du von dir selbst oder von andern hast, positiv beeinflusst hat. Ich hatte das Glück, als Kind eine gesunde Beziehung zu meinem Vater zu haben. Er konnte mir wirklich auf tolle Weise sagen, wie stolz er auf mich ist. Dadurch schenkte er mir eines der unverzichtbaren Accessoires, das ich bereits erwähnt habe: Selbstvertrauen. Aber ich hielt dies für selbstverständlich.

Ich habe nicht erkannt, wie sehr ich von den Ermutigungen meines Vaters abhängig war, bis ich anfing zu studieren. Nachdem ich zu Hause ausgezogen war, fühlte ich mich verunsichert. In den Seminaren war ich gehemmt und ich konnte nur schwer auf andere zugehen. Erst nach einer geraumen Weile wurde mir klar, dass ich gestresst war, weil ich nicht mehr mit meinem größten Bewunderer zusammenlebte. Die Mädchen im Wohnheim kamen nicht wie mein Vater auf mich zu und riefen: »Jenna, ich bin so stolz auf dich!« Ich hatte nie gemerkt, wie sehr die Worte meines Vaters mein Innerstes beeinflussten. Diese Wahrheit schlich sich durch die Hintertür herein, wie ein Sonnenbrand an einem wolkenverhangenen Tag. Ich erkannte, wie sehr meine Beziehung zu ihm viel von meinem Sosein bestimmte. Diese Beziehung hat geprägt, wie ich mich fühlte und mich selbst sah.

Vielleicht erkennst du es jetzt nicht, aber drei große Lebensgebiete werden erheblich von der Beziehung zwischen Vater und Tochter beeinflusst:

wie sie sich selbst sieht,
wie sie andere sieht,
wie sie Gott sieht.

1. **Sich selbst sehen**
   Viele Ärzte und Forscher sind davon überzeugt, dass eine interaktive, gesunde Beziehung zum Vater das Selbstbild eines Mädchens verbessert:

   »Engagierte und liebevolle Väter sind wichtig für das psychische Wohl ihrer Kinder, einschließlich Glück und Zufriedenheit im Leben und weniger Kummer.«[5]
   »Mädchen lernen, dass sie liebenswert sind, wenn sie von ihrem Vater geliebt werden.«[6]
   »Die Liebe eines Vaters bestimmt die Fraulichkeit seiner Tochter, prägt ihren Charakter, festigt ihre Identität und bestätigt sie.«[7]

2. **Andere sehen**
   Väter prägen auch, wie Mädchen andere Menschen sehen und mit ihnen in Beziehung treten. Die folgenden Aussagen sind nachdenkenswert:

   »Mädchen lernen von ihren Vätern die Beziehung zu anderen Männern. Sie lernen von ihren Vätern heterosexuelles Vertrauen, Intimität und Anderssein.«[8]
   Väter leben tatsächlich auch eine eheliche Beziehung vor. Wenn ein Mädchen miterlebt hat, wie die Beziehung seiner Eltern auseinanderging, ist sein Bild von der Ehe zerrüttet.
   »Die Scheidung der Eltern erhöht die Wahrscheinlichkeit um 114 Prozent, dass die erste Ehe der Tochter in einer Scheidung endet.«[9]
   »Die Wahrscheinlichkeit, dass Jugendliche aus zerrütteten Familienverhältnissen anderen Menschen mit mehr Misstrauen begegneten, war größer.«[10]
   »Die Wahrscheinlichkeit, dass Kinder, die sich ihrem Vater nahe fühlen, als Teenager Eltern werden, ist um 75 Prozent niedriger.«[11]

3. **Gott sehen**

Vermutlich ist das nicht überraschend, aber unser Vater beeinflusst auch unser Gottesbild:

»Gott hat geplant, dass die Liebe und Fürsorge eines Vaters seine eigene zärtliche Zuneigung widerspiegelt. ... Doch wenn unsere Beziehung zu unserem irdischen Vater uns schadet, dann wird dieses Spiegelbild von Gottes Liebe verzerrt oder sogar zerbrochen.«[12]
»Viele kleine Mädchen bilden ihre Meinung von Gott weitgehend anhand der Meinung, die sie von ihrem Vater haben. Auch wenn sie größer werden und allmählich immer mehr Fehler an ihrem Vater entdecken, ... bekommen sie mit, welche Beziehung dieser Mann zum Schöpfer des Universums hat.«[13]

Wer einen großartigen Vater hat, hat mehr Chancen, mit einer gesunden Einstellung zu sich, zu anderen und zu Gott aufzuwachsen. Doch auch wenn wir den besten Vater der Welt haben und er uns mit Ermutigung und Liebe überschüttet, werden wir trotzdem mit Ängsten und Unsicherheit zu kämpfen haben. Wir messen unseren Wert womöglich an unserer Beliebtheit oder wir wollen verzweifelt wie jemand anderes aussehen. Auch wenn unser Vater klasse ist, wünschen wir uns hin und wieder, etwas schlanker, etwas klüger, etwas sportlicher oder ... zu sein (fülle selbst die Lücke). Gleichgültig, ob dein Vater wunderbar oder schrecklich oder irgendetwas dazwischen ist, solltest du nie vergessen, dass kein irdischer Vater so vollkommen ist, dass er unser Erscheinungsbild fehlerlos formen kann. Väter sind allenfalls eine der wichtigsten Quellen unseres Stils, aber sie sind nicht so vollkommen, dass sie uns zu einem unerschütterlichen Selbstvertrauen verhelfen können. Sie können uns auch nicht dabei helfen, immer gesunde Beziehungen zu haben, und auch nicht dabei, Gott immer richtig zu sehen. Glaub mir, ich weiß das aus eigener Erfahrung.

Mein Vater und ich

Ich möchte jetzt ein bisschen von meiner Beziehung zu meinem Vater erzählen.

Mein Vater hat Karriere gemacht und seine höchsten Ziele erreicht. Er hat Tausenden von Menschen gedient und sie geliebt. Aber was ihn betrifft, prahle ich nur mit einer einzigen Sache: Er ist der allerallerbeste Papa der Welt. Er war immer ein treuer, engagierter, liebevoller Vater. Ich kann mich selbst lieben, weil er mich liebt. Ich habe beobachtet, wie er andere Menschen liebt – so habe ich gelernt, andere zu lieben. Und ich habe beobachtet, wie er Gott liebt – so habe ich gelernt, Gott zu lieben.

Doch nur weil ich mit einem guten Vater aufgewachsen bin, bedeutet das nicht, dass es nie Zeiten gab, wo ich riesige Zweifel hatte, geistlich verwirrt war und mich mit oberflächlichen Freundschaften zufriedengab.

Die Liebe meines Vaters war nicht stark genug, um zu verhindern, dass ich vor der Toilette kniete und versuchte, mich zum Erbrechen zu zwingen. Er konnte mich nicht vor dem Gedanken bewahren, dass ich dick bin … insbesondere an einem Ostersonntag. Ich hatte gerade den ganzen Nachmittag lang meinen Magen mit Bohnenauflauf, Butterbrötchen, Makkaroni, Käse und Gebäck gefüllt – ein kalorienreiches Durcheinander. Zu Hause angekommen hatte ich Schuldgefühle und war wütend auf mich. Warum hatte ich das getan? Der Sommer stand vor der Tür. Ich hatte bisher eine strenge Diät eingehalten, um im Badeanzug eine gute Figur zu machen. Ich dachte, dass das Erbrechen eine geeignete Strafe für mich sei und mir meine Schuldgefühle nehmen würde. Doch wo lag das wirkliche Problem?

- Das wirkliche Problem war, dass ich die weit verbreitete Definition von Schönheit für richtig hielt – die Lüge, dass wir nicht schön sind, solange wir nicht Größe 34 tragen.
- Das wirkliche Problem war, dass ich mehr um mein äußeres Erscheinungsbild als um mein Herz besorgt war, und dass ich bereit war, mir körperlich, psychisch und geistlich zu schaden, nur um schlank zu sein.

- Das wirkliche Problem war, dass ich den Eindruck hatte, nicht gut genug zu sein. Ich fühlte mich nicht hübsch genug.

Ich wusste, dass mein Vater mich liebte. Er nennt mich die ganze Zeit »meine Schöne«. Aber ich suchte immer noch in Zeitschriften nach meiner Definition von Schönheit. Ich sehnte mich immer noch schmerzlich nach Anerkennung.

Accessoires fürs Leben

Sicherheit – das Vertrauen, dass wir einen Gott haben, der uns liebt, egal was geschieht

Ich machte einen großen Fehler, indem ich versuchte, alle meine Sicherheit in der Liebe meines Vaters und in der Anerkennung anderer zu finden. Das ist nicht möglich. Nie. Solange ich das tat, war ich ständig verunsichert und unzufrieden mit mir selbst.
Ich begann, mich wirklich sicher zu fühlen, als ich anfing, mich auf Gott zu konzentrieren. Menschen werden immer Fehler machen, voreingenommen sein oder einfach nicht immer da sein. Doch Gott ist der eine, der nie weggehen wird, das Zuhause, das nie zerstört wird, die Familie, die nie auseinanderbricht.
Wenn du dich das nächste Mal verunsichert fühlst, dann befolge Hebräer 12,2: Wir wollen »... unsere Augen auf Jesus gerichtet halten«. Schau weg von dir selbst und auf den einen, der dich liebt und dir hilft zu erkennen, dass du schön bist.

Warum Sicherheit schön macht

Sichere Menschen sind normalerweise recht ruhig und entspannt, und das zeigt sich in ihrem Gesicht und an ihrem Verhalten. Sie prahlen nicht und machen andere nicht schlecht. Warum sollten sie auch? Sie fühlen sich wohl in ihrer Haut. Sichere Menschen haben gute Beziehungen zu anderen, weil sie keine Hintergedanken hegen.

Kapitel vier

Test: Wie ist dein Stil und warum?

Ich schlage dir einen kleinen Test zu deinen Accessoires fürs Leben vor, damit wir sehen, welchem Teil deines Herzens ein kleines Umstyling guttun würde. Unsere Schönheit zeigt sich oft (oder eben gerade nicht) in der Art und Weise, wie wir mit anderen Menschen in Beziehung treten, und in der Einstellung, die wir zu uns selbst haben. Fragen wir uns doch einmal, welche Accessoires fürs Leben wir haben und welche uns fehlen! Beginnen wir mit Männern.

Beziehungen zu Männern

1. Stell dir vor, du bist in einem Einkaufszentrum und verlässt gerade den Imbissbereich. Da siehst du einen tollen Typen …

   a. Du gehst schnurstracks auf ihn zu, stellst dich vor und bevor ihr auseinandergeht, sorgst du dafür, dass er deine Telefonnummer hat.

   b. Du gehst sofort in die andere Richtung und denkst: Eine Frau wie mich würde er sowieso keines Blickes würdigen.

   c. Du murmelst vor dich hin: »Er ist wahrscheinlich wie alle gut aussehenden Männer – ein Blödmann.«

d. Du betest leise, dass er dich bemerkt. Aber du wartest ab, in der Hoffnung, dass er den ersten Schritt macht. Niemals würdest du von dir aus auf ihn zugehen!

Gehen wir jetzt einen Schritt weiter und analysieren deine Antwort. Lies die folgenden Fragen und denk dann eine Zeit lang über die Antwort nach, die du angekreuzt hast.

Wenn du mit a geantwortet hast:

Hast du grundsätzlich keine Angst, wenn es darum geht, auf einen Jungen zuzugehen? Warum nicht?

Hast du deine draufgängerische Taktik schon einmal eingesetzt? Wenn ja, wie ist es mit der Beziehung weitergegangen?

Wenn du mit b geantwortet hast:

Warum wirst du so nervös, wenn es darum geht, mit Jungs zu sprechen?

Hast du schon einmal eine schlechte Erfahrung mit einem Mann gemacht, der dich verletzt hat? Beschreibe sie!

Wenn du mit c geantwortet hast:

Hast du eine zynische Einstellung gegenüber Männern? Wenn ja: warum? Beschreibe deine Einstellung!

Welche Männer haben dich enttäuscht?

Wenn du mit d geantwortet hast:

Nenne Beispiele von netten Männern, mit denen du in deinem Leben zu tun hattest. Haben sie für dich hohe Maßstäbe gesetzt? Wenn ja: inwiefern?

Beziehungen zu Freundinnen

1. Eine deiner besten Freundinnen hat bei sich zu Hause eine Party gefeiert und dich nicht eingeladen. Wie reagierst du?

   a. In der Mensa gehst du zu ihr und verlangst vor allen anderen eine Erklärung, warum du nicht eingeladen wurdest.

   b. Du gehst der Konfrontation aus dem Weg. Da du konfliktscheu bist, tust du so, als sei nichts geschehen.

   c. Du sprichst nicht mehr mit ihr. Frauen sind zickig. Man kann auch ohne Freundin leben.

   d. Du passt den Moment ab, wo ihr beide alleine seid, und sagst ihr, dass es dich verletzt hat, dass du nicht eingeladen wurdest. Dann fragst du sie, was los ist und aus welchem Grund sie dich nicht dabeihaben wollte.

Wenn du mit a geantwortet hast:

Stellst du gerne Freundinnen zur Rede, wenn sie dich verletzt haben? Wenn ja: Welche Arten des Zur-Rede-Stellens sind besonders hilfreich oder sogar heilsam? Welche sind nicht hilfreich?

Bist du in der Schule oder an deinem Arbeitsplatz gerne mit einer bestimmten Gruppe zusammen? Weshalb möchtest du zu genau dieser Gruppe gehören?

Wenn du mit b geantwortet hast:

Ist es schwierig, Freundinnen zur Rede zu stellen? Warum oder warum nicht?

Welche Rolle spielst du in deinem Freundeskreis? Bist du die Anführerin, Mitläuferin, Zuhörerin oder …? Warum?

Wenn du mit c geantwortet hast:

Wurdest du schon früher einmal von einer Freundin verletzt? Wenn ja, wie hat sie dich verletzt?

Welche Freundin hat dich wirklich ermutigt, hat dir aufmerksam zugehört und war eine Seelenverwandte, zu der du Vertrauen hattest? Woran lag es, dass sie anders war als die anderen?

Wenn du mit d geantwortet hast:

Fällt es dir leichter als anderen, bei Freundinnen schwierige Probleme anzuschneiden? Wie hast du gelernt, mit solchen Situationen auf diese Weise umzugehen?

Welche Vorbilder hast du erlebt, die dir geholfen haben, mit deinen Freundinnen in Beziehung zu treten?

Beziehungen zu Autoritätspersonen und zu deiner Familie

1. Zwei Mädchen schreiben sich im Matheunterricht Briefchen. Eine von ihnen bittet dich, einen Zettel an ihre Freundin weiterzugeben. Die Lehrerin denkt, du seist die Briefchenschreiberin, und verdonnert dich zum Nachsitzen am Samstagvormittag.

   a. Du fauchst die Lehrerin an und sagst ihr, sie solle gefälligst den Sachverhalt prüfen, bevor sie eine unschuldige Unbeteiligte bestraft.

   b. Tränen steigen dir in die Augen. Du betest, dass sie dich endlich nicht mehr alle anschauen, und nimmst die Strafe einfach an.

   c. Du lachst, grinst die ganze Stunde lang vor dich hin und denkst: *Es lohnt sich nicht, die Situation zu erklären, weil Lehrer eh nichts verstehen, und auf mich haben sie es sowieso immer abgesehen … Am Samstagmorgen werde ich einfach nicht hingehen.*

   d. Nach dem Unterricht gehst du zur Lehrerin und bittest um ein Gespräch. Du erklärst die Situation und entschuldigst dich für deine Beteiligung.

2. Du kommst voller Freude nach Hause, weil dein Vater versprochen hat, mit dir zusammen ein Ballkleid auszusuchen. Doch anstatt mit den Autoschlüsseln in der Hand auf dich zu warten, steht er mit einem Besen vor der Tür. Er bittet dich, ihm beim Saubermachen zu helfen, weil sich für diesen Abend Besuch angemeldet hat.

a. Du fängst an zu weinen und zu schreien: »Aber du hast mir ein Ballkleid versprochen! Du hast mich angelogen! Was soll ich beim Ball anziehen? Meinen Badeanzug vielleicht?«

b. Du nickst und machst dich ans Saubermachen, ohne Fragen zu stellen. Doch du denkst: *Wahrscheinlich wäre es besser, wenn ich überhaupt nicht zu dem Ball gehe. Ich kann sowieso nicht tanzen.*

c. Du lächelst zynisch und schleuderst ihm ins Gesicht: »Danke, Papa. Wie oft wirst du dein Wort noch brechen?«

d. Du fängst an zu fegen, dann atmest du tief durch und erinnerst deinen Vater höflich an das Ballkleid. Du fragst ihn, ob der Einkaufsbummel stattfinden kann, wenn das Haus sauber ist.

Wenn du mit a geantwortet hast:

Warum gehen dir Lehrer auf die Nerven?

Geht dein Vater streng oder nachlässig mit Regeln um? Wie reagierst du im Allgemeinen, wenn er etwas von dir will?

Wenn du mit b geantwortet hast:

Nimmst du häufig unfaire Situationen einfach hin und nimmst die Schuld auf dich? Wenn ja: warum?

Sagt dein Vater dir, wie toll du bist, oder weist er öfter auf deine Unvollkommenheiten hin, als dass er etwas Positives sagt?

Wenn du mit c geantwortet hast:

Fällt es dir schwer zu glauben, dass Lehrer auf deiner Seite stehen? Wenn ja: warum? Wie sind deine Beziehungen zu den Lehrern oder dem Direktor deiner Schule?

Hat dich dein Vater jemals enttäuscht? Wenn ja: wann?

Wenn du mit d geantwortet hast:

Warum findest du es leicht, gute Beziehungen zu deinen Lehrern zu haben?

Worauf gründet sich dein Vertrauen, dass dein Vater dich liebt und für dich da ist?

Die Beziehung zu dir selbst

1. In dieser Woche wurden die ersten Sportmannschaften der Schule zusammengestellt. Du hast es nicht geschafft, sondern wurdest nur als Ersatzspielerin in die zweite Mannschaft gesteckt.

   a. Du bekommst einen Wutanfall, gehst zum Trainer und sagst ihm deine Meinung. Dann trittst du in einen Sportverein ein und spielst für diesen. Du denkst: *Der Trainer wird es noch bereuen, dass er mich nicht genommen hat.*

   b. Du gehst nach Hause und beschließt, dass du niemals mehr etwas versuchst. Wenn man sich um nichts mehr bemüht, dann macht man sich auch nie mehr falschen Hoffnungen.

   c. Du sagst: »Egal!« Dann gehst du weg. Vergiss die zweite Mannschaft! Nie würdest du in so einer blöden Mannschaft mit so einem blöden Trainer spielen, der sich nicht um dich kümmert – wie alle anderen auch.

   d. Du beschließt, als Ersatzspielerin in der zweiten Mannschaft dein Bestes zu geben. Du kannst dadurch nur besser werden. Vielleicht wird nächstes Jahr dein Jahr!

Wenn du mit a geantwortet hast:

Bekommst du alles, was du willst, egal, worum es geht? Wenn ja, glaubst du, dass das gut ist?

Wenn du mit b geantwortet hast:

Gehst du davon aus, dass dir immer das Schlimmste passiert? Wenn ja: warum? Erlaubst du dir große Träume?

Wenn du mit c geantwortet hast:

Hat dir schon einmal jemand gesagt, wie talentiert du bist? Glaubst du an dich selbst?

Wenn du mit d geantwortet hast:

Hast du öfter positive Gedanken über dich oder negative? Warum?

Warum habe ich dich wohl gefragt, warum du so und nicht anders geantwortet hast? Nun, ich wollte, dass du ernsthaft nach einer Antwort suchst und über die Gründe für dein Handeln nachdenkst. Wir haben bereits darüber gesprochen, wie unsere Väter unseren Stil beeinflussen – das heißt, wie wir handeln und wer wir werden. Ich wette, dass dein Vater viele deiner Antworten in dem Test über Männer, Freundinnen, andere Menschen und dich beeinflusst hat, ohne dass du dir dessen bewusst geworden bist. Vertiefen wir diese Frage etwas.

Dr. Meg Meeker arbeitet seit über zwanzig Jahren als Ärztin und verfasste *Strong Fathers, Strong Daughters* (»Starke Väter, starke Töchter«) – ein Buch über den Einfluss von Vätern auf ihre Töchter. Sie schrieb das Buch wegen der unzähligen Mädchen im Teenageralter, die in ihre Sprechstunde kommen und sich durchs Leben kämpfen, weil ihnen der Vater fehlt. Sie schreibt: »Die Tochter beobachtet, ob er lügt oder die Wahrheit sagt, ob er ihrer Mutter treu bleibt, ob er hart arbeitet und sich offen gegen Fehlverhalten am Arbeitsplatz oder zu Hause ausspricht. Neunzig Prozent des Einflusses, den ein Vater auf die Wertvorstellungen seiner Tochter hat, gründen sich auf sein Verhalten.«[1]

Deine Einstellung zu Männern

Heirate mich in Miami

Ich höre wahnsinnig gerne zu, wenn meine Eltern erzählen, wie sie sich kennen- und lieben gelernt haben.

Sie hatten an derselben Hochschule in einer kleinen Stadt im Westen von Texas studiert und waren beide zufällig nach Miami, Florida, gezogen. Mein Vater war Pastor und meine Mutter arbeitete als Lehrerin an der Schule, die zu seiner Gemeinde gehörte. Es ist lustig, ihre unterschiedlichen Sichtweisen zu hören. Wenn man meinen Vater fragt, sagt er, dass er sich sofort am ersten Abend, als er sie erblickte, in sie verliebte. Wenn man aber meine Mutter fragt, wann sie sich verliebt hat, zögert sie einen Augenblick. »Hm, es hat eine Weile gedauert. Zunächst hielt ich ihn lediglich für amüsant und ich wollte einfach mit ihm befreundet sein. Schließlich wurde aus der Freundschaft Liebe.« Mein Vater hat nie aufgegeben. Da er sich sofort in sie verliebt hatte, warb er um sie, bis sie schließlich in der kleinen Kirche in Miami heirateten, in der ihre Beziehung begonnen hatte.

Seither hat mein Vater nie aufgehört, sich um sie zu bemühen. Weil ich ihre Geschichte kenne und merke, wie sehr mein Vater meine Mutter liebt, weiß ich, wie wichtig es ist, dass der Mann um die Frau wirbt.

Ich wollte kein Mädchen sein, das einen Jungen anruft, bevor er es angerufen hat. Ich wusste, dass ich einen Jungen wollte, der Selbstvertrauen hat.

Und ein Junge, der wirklich Selbstvertrauen hat, geht auf das Mädchen zu, bevor das Mädchen auf ihn zugeht. Was ist letztendlich schwerer: dass ein Junge dir in die Augen schaut und dich fragt, ob du mit ihm ausgehen willst, oder dass er dir eine SMS schickt: »Machen wir was zusammen«? Jemandem in die Augen zu schauen ist viel schwieriger, als auf das Display eines Handys zu starren. Jede von uns hat einen Mann verdient, der es sich nicht leicht macht. Ich war kein Mädchen, das einen Flirt beginnt, weil mein Vater mir beigebracht hat, was meine Rolle ist. Ich weiß, ich verdiene es, dass man sich um mich bemüht, und du verdienst das auch!

Aber ohne liebevollen Vater weißt du vielleicht nicht recht, wie du mit Männern umgehen sollst. Heidi neigt dazu, bei ihren Freundschaften mit Jungs die Hosen anzuhaben. Aber dadurch fühlt sie sich oft verwirrt und unsicher. Jen hat keine hohen Erwartungen an die Jungs, die mit ihr ausgehen. Deshalb gibt sie sich mit Jungs zufrieden, die sie dazu bringen, ihre Moralvorstellungen infrage zu stellen, oder sie schlecht behandeln. Nikki will nicht einmal mehr mit Jungs sprechen, weil der erste Mann in ihrem Leben – ihr Vater – sie verletzt hat. Deshalb denkt sie, dass alle Männer sie verletzen werden. Christy ist aufgrund ihres geringen Selbstwertgefühls davon überzeugt, dass sie keinen guten Mann verdient hat. Vielleicht hast du noch nie darüber nachgedacht, dass das Vorbild, das dein Vater dir vorlebt, deutlich deinen Umgang mit Männern und deine Beziehungen zu ihnen prägt.

Deine Einstellung zu Freundinnen und Freunden

Anmerkung von Max Lucado

Freundlichkeit – Gastfreundschaft – ist eine Tugend, die dem Gebenden so viel Freude bereitet wie dem Nehmenden.

Wenn Sie anderen gegenüber gastfreundlich sind, versuchen Sie nicht, Menschen zu beeindrucken, sondern Sie versuchen, ihnen deutlich zu machen, wie Gott ist.[2]

Mit welchen Leuten machst du öfter was zusammen? Bauen sie dich auf oder ziehen sie dich nach unten? Jordan zum Beispiel hat Freundinnen, die sie nicht unbedingt ermutigen, aber auch nicht entmutigen. Doch man hat den Eindruck, dass Jordan beliebt ist, wenn sie Arm in Arm und im Gleichschritt mit ihren Freundinnen den Flur der Schule entlanggeht. Amanda hält Freundinnen auf Abstand, weil es leichter und sicherer ist, sich nicht allzu sehr an sie zu hängen. Kate mag zynische Freundinnen, denn sie passen zu der depressiven Stimmung, in der sie sich befindet. Maddie schließlich hat enge, seelenverwandte Freundinnen, die sie herausfordern und die von ihr herausgefordert werden können.

Denk über deine Rolle in deinen Freundschaften nach. Bist du Mitläuferin oder Anführerin? Bist du der Spaßvogel, die Klatschtante, die Ratgeberin, die Hysterische, die Kämpferin oder jemand anderes?

Väter beeinflussen unsere Einstellung zu Freundschaften und die Art, wie wir mit unseren Freunden und Freundinnen umgehen. Ich kann mich lebhaft daran erinnern, wie mein Vater mir beibrachte, wie man Freunde behandelt.

Klatschtante

Ich saß im Auto meiner Mutter, zusammen mit meiner Freundin, meiner Schwester und deren Freundin. Ich beugte mich zu meiner Freundin hinüber und vertraute ihr an, dass ich die Freundin meiner Schwester dick fände. Gerade als ich das sagte, wurde der Motor des Autos leiser. Mir lief es kalt den Rücken hinunter. *Hat sie es gehört? Soll ich etwas zu ihr sagen?* Ich beschloss, das Geschehene achselzuckend abzutun. Aber je mehr ich versuchte, es als belanglos beiseitezuschieben, desto mehr quälte es mich. Ich musste mein Gewissen erleichtern.

Später am Tag erzählte ich meinem Vater, was ich gesagt hatte. Mit ruhiger Stimme erklärte er mir, dass es gut ist, nie mit ungelösten Problemen ins Bett zu gehen. Je schneller man sich entschuldigt oder die Situation bereinigt, umso besser fühlt man sich. Er ermutigte mich, das Mädchen anzurufen, um wieder ein reines Gewissen zu haben. Ironischerweise gestand ich ihr schließlich, was ich gesagt hatte, aber sie hatte meine Bemerkung gar nicht gehört! Ich hatte mich also selbst verpetzt! Trotzdem war es ein gutes Gefühl, ehrlich und offen zu sein. Mein Vater hat mir beigebracht, anderen eine gute Freundin zu sein, auch wenn es nicht leicht ist.

Schönheitstipp

Was vor dem Zubettgehen zur Routine werden sollte

Eine gute Vorbereitung für eine erholsame Nachtruhe besteht darin, Probleme, die uns quälen, vor dem Zubettgehen zu bereinigen. Im Folgenden ein paar weitere Tipps für die Zeit vor dem Schlafengehen, die deinem Körper guttun:

- Geh etwa eine Stunde vor dem Zubettgehen nur entspannenden Tätigkeiten nach. Gib deinem Körper die Möglichkeit, den Tag langsam ausklingen zu lassen.
- Geh so früh wie möglich ins Bett. Das kann schwerfallen (mir zumindest), aber Wissenschaftler haben herausgefunden, dass eine Stunde Schlaf vor Mitternacht so erholsam ist wie zwei Stunden Schlaf nach Mitternacht.
- Leg alle deine Sorgen Gott hin. Lasten, die sich vor allem nachts drohend auftürmen, verhindern das Einschlafen und können zu Albträumen führen. Doch wir Mädels brauchen unseren Schönheitsschlaf!

Meredith

Neulich sprach ich mit Meredith, einer Fünfzehnjährigen aus Ohio, und stellte ihr ein paar Fragen über ihr Leben zu Hause. Sie erzählte mir, dass sie eine großartige Familie habe, doch dann kamen wir auf einige ihrer Freundinnen zu sprechen.

»Ich merke es, wenn meine Freundinnen aus zerrütteten Familienverhältnissen kommen.«

»Wie?«, fragte ich.

»Nun, meine Freundinnen, die nicht mit beiden Elternteilen zusammenleben, versetzen mich oft. Ich denke, dass wir eine enge Beziehung haben und dass alles in Ordnung ist, aber plötzlich kommen sie einfach nicht mehr und ich weiß nicht warum. Das ist schon öfter passiert.«

Sicher trifft das nicht auf alle zu, deren Eltern geschieden sind.

Doch es ist durchaus verständlich, dass es einem Mädchen, dessen Vater die Mutter verlassen hat, schwerfällt, eine enge Beziehung zu einer Freundin aufzubauen – aus Angst, dass die Freundin sie auch einfach verlässt, wie er es getan hat.

Vielleicht geht es dir auch so wie Merediths Freundinnen. Oder vielleicht ist dein Leben so ähnlich wie das von Tara. Ihr Vater herrscht mit eiserner Hand über die Familie. Er schüchtert alle ein. Sie hat gelernt, hart zu werden, um seinen Zorn auszuhalten. Deshalb fällt es ihr schwer, in freundschaftlichen Beziehungen Gefühle zuzulassen. Innerlich hat sie eine Verteidigungshaltung eingenommen, ihr Herz ist abgestumpft und auf ihrer Seele sind Schwielen gewachsen.

Deine Einstellung zu Erwachsenen und zu deiner Familie

Autorität

Dein Verhalten gegenüber Erwachsenen und Familienangehörigen verrät viel über deinen Stil. Mir ist klar, dass es langweilig klingt, aber ich sage es trotzdem: Je mehr Achtung wir Autoritätspersonen entgegenbringen, desto mehr Achtung wird uns entgegengebracht. Ich weiß, dass das Wort *Autorität* einschüchternd klingt, aber neulich habe ich etwas Interessantes von meiner Freundin Hannah erfahren.

Hannah erzählte mir, dass ihr Vater seit dreiundzwanzig Jahren dieselbe Arbeitsstelle hat. Sie kann sich nicht erinnern, dass er in dieser ganzen Zeit negativ über seine Vorgesetzten gesprochen hätte. Jedes Mal, wenn ihm ein großes Projekt mit unmöglichen Fristen zugewiesen wird, sieht er es als Gelegenheit, etwas zu leisten, was er bisher nicht für möglich gehalten hat: Er sieht es als Chance, sein Bestes zu geben.

Joyce Meyer hat eine andere Geschichte. Sie schrieb ein Buch mit dem Titel *Schönheit statt Asche* über ihr Leben mit ihrem Vater, der sie als Kind missbraucht hat. Da sie einen beherrschenden Vater hatte, war ihr Bild von Autorität verzerrt. In allen Autoritätspersonen sah sie Feinde, weil ihr Vater ihr auf solch beängstigende Weise vorgelebt hat, wozu Autorität fähig ist.[3] Deswegen berichtet sie, wie schwer es ihr fiel, sich ihrem Mann unterzuordnen, und wie es ihr erst nach vielen Jahren gelungen ist, ihren Vater zu respektieren.

Wie ist dein Verhältnis zu Autorität? Wie reagierst du, wenn ein Lehrer oder Vorgesetzter dir den Auftrag für ein größeres Projekt gibt und dabei eine Frist festsetzt, die unfair oder unrealistisch scheint? Wie reagierst du, wenn deine Eltern dich bitten, etwas zu tun, wozu du keine Lust hast?

Deine Einstellung zu deiner Familie

Väter können zweifellos den Liebespegel in der Familie bestimmen.

Ich erinnere mich, wie ich einmal mit einer Freundin und ihrer Familie in den Osterferien verreiste. Der Urlaub hat mir sehr gut gefallen, abgesehen von den Momenten, wenn der Vater meiner Freundin da war. Vielleicht fiel es nur mir auf, aber kaum hatte er ein Zimmer betreten, fühlte ich die Spannung in der Luft. Meine Nerven lagen blank, weil seine Stimmung jederzeit umschlagen konnte. Er bestimmte die Atmosphäre im Raum. Väter können eine negative oder eine fröhliche, friedliche Wirkung auf das Familiengeschehen ausüben …

Anmerkung von Max Lucado

Während meiner Pubertät war der Vater der ruhende Pol in meinem Leben. Die Freundinnen kamen und gingen, aber mein Vater blieb immer derselbe.

Er war einfach immer da, ob es in die Ferien ging, ob ich meine erste Liebe mit nach Hause brachte, Hilfe bei den Hausaufgaben brauchte, die ersten Fahrübungen machte oder zum Handball ging. All das hatte einen gemeinsamen Faktor: Vater war dabei.

Und weil er stets in der Nähe war, verlief mein Leben auch ziemlich reibungslos. Das Auto war immer startklar, die Rechnungen bezahlt und der Rasen gemäht. Weil er da war, wurde viel gelacht, und die Zukunft schien voraussehbar. Durch seine Gegenwart erlebte ich eine Kindheit, wie Gott es sich wohl dachte. [...]

Er hatte das letzte Wort, schlichtete Streitigkeiten, schlug sich auf die Schenkel vor Lachen, wenn Al Bundy im Fernsehen kam, las jeden Abend die Zeitung und machte das Frühstück am Sonntag. Er tat nichts Außergewöhnliches, aber das, was einen Vater ausmacht, das erfüllte er ganz: Er war stets in unserer Nähe.

Er zeigte mir, wie man sich rasiert, und lehrte mich beten. Er fragte mich Bibelverse ab, die ich für die Sonntagsschule lernen sollte. Und er ließ mich wissen, dass das Schlechte seine Strafe verdiene, während das Gute schon allein Lohn genug sei. Durch sein Vorbild lernte ich, dass sich frühes Aufstehen lohnt und es gut ist, keine unnötigen Schulden zu machen. Sein Leben war Ausdruck eines gesunden Gleichgewichts zwischen Streben und Genügsamkeit. [...]

Papa hat niemals von sich aus mit mir über Sexualität gesprochen oder mir seine Lebensgeschichte erzählt. Aber wenn ich danach gefragt hätte, so wäre er ganz gewiss darauf eingegangen. Ich hätte ihn einfach nur bitten müssen. Ich wusste, wenn ich ihn gebraucht habe, war er da.[4]

Deine Einstellung zu dir selbst

Während der Schulzeit beobachtete ich, wie meine Freundin Liz im Schatten stand. Ich spreche nicht über den wohltuenden Schatten einer alten Eiche. Liz stand in dem perfekten Schatten ihrer älteren Schwester mit ihrem Notendurchschnitt von 1,0, ihrer musikalischen Begabung, ihrem Stipendium für eine Eliteuniversität und schließlich ihrem Doktortitel, ganz zu schweigen von ihrer natürlichen Schönheit. Liz hatte in der Schule zu kämpfen. Sie wechselte mehrmals die Universität, wusste nicht, was sie wollte, pflegte Umgang mit Leuten, die ziellos vor sich hin lebten. Sie litt unter Unsicherheiten wegen ihres Gewichts und ihrer krausen Haare. Und anstatt dass ihr Vater sie und ihre Einzigartigkeit ermutigte, konzentrierte er sich auf ihre Unvollkommenheiten.

Ich erinnere mich, dass ich einmal mit Liz zusammensaß, am Tag nach einem weiteren verlorenen Kampf gegen die Drogen. Sie hatte schon mehrere Entziehungskuren hinter sich. Ich erinnere mich, dass sie während des Gesprächs andeutete, dass sie versuchen wolle, ihrem Vater zu verzeihen. Darüber hätte ich gerne mehr mit ihr gesprochen, doch seelisch und psychisch war sie dazu nicht in der Lage.

Ich frage mich, ob all die Jahre, in denen sie den Maßstäben ihres Vaters nicht gerecht geworden ist und in denen sie sah, wie ihre Schwester alles Lob bekam, eine Unsicherheit nach der anderen aufgebaut und ihren Beitrag zu dem verpfuschten Weg geleistet haben, von dem sie bisher trotz aller Mühe nicht wieder weggekommen ist.

Die Art, wie dein Vater dich liebt oder nicht liebt, beeinflusst unmittelbar, welche Einstellung du zu dir selbst hast. Nimm dir eine Minute Zeit und denk darüber nach, ob die Worte deines Vaters dein Selbstbild verletzt oder aufgebaut haben.

Kommst du dir wegen ihm schöner oder weniger schön vor?

Tatsache ist: Wenn wir beobachten, wie unser Vater lebt, lernen wir, wie wir leben, Beziehungen aufbauen und uns selbst lieben können. Viele unserer Accessoires fürs Leben, wie Selbstvertrauen, Zufriedenheit und Liebe für andere, beruhen auf unserer Beziehung zu unserem Vater. Doch dafür gibt es keine Garantie. Keinen guten Vater zu haben bedeutet nicht, dass alle unsere Beziehungen zum Scheitern verurteilt sind. Und einen großartigen Vater zu haben bedeutet nicht, dass alle unsere Beziehungen vollkommen sein werden.

Unsere *Väter werden uns enttäuschen*. Was hat sich Gott also dabei gedacht? Warum hat er uns so geschaffen, dass wir die Liebe eines Vaters brauchen, wenn nicht garantiert ist, dass diese Liebe alle Verletzungen des Lebens heilt? War das ein großer Fehler?

Nein.

Es ist ein perfekter Plan.

Wir werden sehen, warum.

Kapitel fünf
Der perfekte Plan

Wenn du von deinem irdischen Vater im Stich gelassen wirst, findet dich dein himmlischer Vater. Deswegen ist Gottes Plan perfekt – egal was für einen Vater du hast.

Zur Vaterliebe gehört *nicht nur* die Liebe eines Vaters, der auf der Couch schnarcht, die Telefonrechnung bezahlt und uns vor den Jungs, in die wir verknallt sind, blamiert. Zur Vaterliebe gehört auch die Liebe eines anderen Vaters – des perfekten Vaters.

Er ist ein Vater, der nie einen Fehler macht. Ein Vater, der uns nie verlässt, uns nie im Stich lässt. Ein Vater, der immer freundlich, geduldig und liebevoll ist und der nie sein Wort bricht. Nichts, wirklich *nichts*, was wir tun, kann uns von seiner Liebe trennen.

Obwohl unser Wesen von unserem irdischen Vater geprägt wird, kann nur die Liebe unseres himmlischen Vaters *definieren*, wer wir sind. Nur die Liebe dieses Vaters kann uns heil machen und alle Bedürfnisse unseres Herzens befriedigen. Und nur die Liebe dieses Vaters kann bestimmen, ob wir uns selbst, andere und Gott mit den Maßstäben einer neuen Art von Schönheit sehen – einer Schönheit, von deren Existenz wir vielleicht bisher noch gar nichts wussten. Gott will den Begriff »schön« neu definieren. Seine Fingerabdrücke sind die Accessoires, die wir brauchen; sie sind das absolute modische Muss und *die* wesentlichen Faktoren unseres Erscheinungsbildes.

Anmerkung von Max Lucado

Übrigens, er kennt Ihre Probleme. Und nicht nur das, er möchte Ihnen gern das geben, was Ihre Familie Ihnen nicht geben konnte.

Sie hatten einen schlechten Vater? Gott wird Ihr Vater sein.

»So bist du nun … Kind; wenn aber Kind, dann auch Erbe durch Gott« (Gal[ater] 4,7).

Sie haben niemand, den Sie sich zum Vorbild nehmen können? Dann versuchen Sie es einmal mit Gott.

»So folgt nun Gottes Beispiel als die geliebten Kinder« (Eph[eser] 5,1).

Ihre Eltern haben Ihnen nie die Tränen abgewischt? Dann hören Sie gut zu: Gott hat jede einzelne Träne bemerkt.

»Du hast gesehen, wie ich mich auf meinem Lager hin- und hergewälzt habe. Du hast meine Tränen in deinen Krug gesammelt! Du hast sie alle gezählt« (Ps[alm] 56,8 – aus dem Englischen).[1]

Gott ist der beste Vater der Welt!

Er vervollständigt unser Erscheinungsbild.

Wenn wir ihn als unseren Vater kennenlernen, wird unser inneres und äußeres Erscheinungsbild neu definiert und wir werden immer schöner.

Überprüfe ein weiteres tolles Versprechen:

Seht, wie viel Liebe unser himmlischer Vater für uns hat, denn er erlaubt, dass wir seine Kinder genannt werden – und das sind wir auch (1. Johannes 3,1)!

Es kann für ein Mädchen wirklich sehr schwer sein, wenn es keine gute Beziehung zu seinen Eltern hat. Aber zum Glück kann Gott jede Beziehung gut machen, wenn wir zulassen, dass er es tut. Lies die folgende Geschichte über einen jungen Mann, der zugelassen hat, dass Gott bestimmt, wer er ist, und nicht die Welt und seine Vergangenheit!

Anmerkung von Max Lucado

Vielleicht bergen Ihre Kindheitserinnerungen nur Schmerz und keine Inspiration. Sie sind von den Stimmen in der Vergangenheit nur verflucht worden; Sie wurden klein gemacht, ignoriert. [...]

Und jetzt stehen Sie da und versuchen, Ihre Vergangenheit zu analysieren.

Ich bin auf die Geschichte eines Mannes gestoßen, der auch solche Gedanken gehabt haben muss. Sein Erbe war tragisch. Der Großvater war ein Mörder, er gab sich mit geheimen Künsten ab und brachte sogar seine eigenen Kinder den Götzen zum Opfer. Der Vater war ein Punk, er hatte das Gotteshaus zerstört und empfand für alle Gläubigen nichts als Spott und Hohn. Mit 24 Jahren wurde er ermordet ... von seinen Freunden.

Das alles war zu jener Zeit durchaus nicht ungewöhnlich. Damals verkauften sich Prostituierte in Tempeln. Zauberer sangen Beschwörungslieder zur Vertreibung von Krankheiten. Die Menschen beteten die Sterne an und achteten auf ihre Horoskope. Sie machten sich mehr Gedanken über Aberglauben und Voodoo als über Kindererziehung.

In diese dunkle Zeit hinein wurde ein Kind geboren. Was soll man machen, wenn der eigene Großvater schwarze Magie betreibt, wenn der eigene Vater ein Schurke ist und die ganze Nation der Korruption verfallen ist?

Soll man dem Beispiel der anderen folgen? Manche dachten, der Junge würde dies tun. [...] Wenn er vorüberging, stöhnten die Leute: »Der wird genau wie sein Vater.«

Aber sie hatten nicht Recht. Er wurde nicht wie sein Vater. Er schlug einen anderen Weg ein. Er stellte sich wie ein Damm gegen die Strömungen seiner Zeit und lenkte seine Nation in eine andere Richtung. Seine Errungenschaften waren so bemerkenswert, dass heute, 2600 Jahre später, seine Geschichte immer noch erzählt wird.

Es ist die Geschichte des Königs Josia. Es hat weisere Könige gegeben; es hat reichere Könige gegeben; es hat mächtigere Könige gegeben. Aber es gab nie einen mutigeren König als den jungen Josia. [...]

Er durchforstete das Familienalbum, bis er einen Vorfahren fand, der der Nacheiferung wert war. Josia blätterte weiter, als es um seinen Vater ging, und auch bei seinem Großvater blätterte er weiter. Er machte einen weiten Sprung in die Vergangenheit, bis er David fand und beschloss: »Ich will wie dieser König werden.«

Welches Prinzip steckt dahinter? Unsere Eltern können wir uns nicht aussuchen, aber wir können uns unsere Vorbilder aussuchen.

Und da sich Josia David aussuchte (der sich Gott ausgesucht hatte), begannen sich die Dinge zu ändern.

Die Leute brachen auf Josias Anweisung hin die Altäre des Gottes Baal ab.

Josia hieb die Rauchopfersäulen ab.

Josia ... zerbrach die Bilder der Aschera ... und machte sie zu Staub. [...]

Im ganzen Lande brach er die Altäre ab (2. Chron[ik] 34,4-5.7). [...]

Gott war sein Gott. Davids Glaube war Josias Glaube. Er hatte den Gott Davids gefunden und ihn zu seinem eigenen Gott gemacht. [...]

Einer ganzen Generation wurde Gnade erwiesen, weil ein einziger Mann aufrichtig vor Gott lebte.

Könnte es sein, dass Gott Josia gerade aus diesem Grund das Leben gab?

Könnte es sein, dass Gott Ihnen aus demselben Grund das Leben gegeben hat?

Vielleicht ist Ihr Hintergrund nicht sehr rühmlich. Vielleicht haben Sie krasses Unrecht erlebt. Und nun müssen Sie wie Josia eine Entscheidung treffen. Wollen Sie die Vergangenheit hinter sich lassen und ein Mensch werden, durch den Veränderung geschieht? Oder lassen Sie sich weiter von der Vergangenheit beherrschen und benutzen Sie diese als Entschuldigung? [...]

Um einen Vorfahren zu finden, dem Sie nacheifern können, müssen Sie, wie Josia, im Familienalbum weit zurückblättern.

Wenn dies der Fall ist, möchte ich Ihnen zeigen, wohin Sie sich wenden können. Legen Sie Ihr Familienalbum weg und greifen Sie nach der Bibel. Schlagen Sie das Johannesevangelium auf und lesen Sie Jesu Worte: »Menschliches Leben kommt von menschlichen Eltern, aber geistliches Leben kommt von Gottes Geist« (Joh[annes] 3,6 – aus dem Englischen).

Denken Sie darüber nach. Geistliches Leben kommt von Gottes Geist! Ihre Eltern haben Ihnen die Gene vererbt, aber Gott gibt Ihnen Gnade. Ihr Körper ist durch Ihre Eltern entstanden, aber Gott hat Ihre Seele gemacht. Ihr Aussehen haben Sie vielleicht von Ihrer Mutter geerbt, aber die Ewigkeit haben Sie von Ihrem Vater geerbt, Ihrem himmlischen Vater.

Übrigens, er kennt Ihre Probleme. Und nicht nur das, er möchte Ihnen gern das geben, was Ihre Familie Ihnen nicht geben konnte. [...]

Sie haben Einfluss auf Ihr Leben. Sie können den Weg wählen, den Sie gehen.

Treffen Sie eine gute Entscheidung, und eines Tages – nach vielen Generationen – werden Ihre Enkel und Urenkel Gott für den Samen danken, den Sie gesät haben.[2]

Josia beschloss, ein Leben zu führen, das verdeutlichte: »Ich bin ein Kind Gottes!« Jetzt bist du an der Reihe, zu verdeutlichen, wer du bist: eine schöne Tochter Gottes. Das ist es! Das ist alles, was zählt! Das sieht Gott, wenn er dich und mich sieht! Wir sollten deshalb nicht zulassen, dass irgendwer definiert, wer wir sind – oder ob wir schön sind. Der Einzige, der es wert ist, uns zu sagen, wer wir sind, ist unser perfekter Vater.

Accessoires fürs Leben

Identität – wissen, wer wir sind und wem wir gehören

Ein herrlicher Friede zieht in unser Herz ein, wenn wir wissen, wer wir sind und wem wir gehören. Viele Leute in deinem Leben versuchen festzulegen, worin du gut und worin du schlecht bist, was einmal aus dir wird und was aus dir geworden ist.

»Du bist so ein Kindskopf.« Oder: »Du wirst nie zum Medizinstudium zugelassen.« Oder: »Du bist genau wie deine Mutter! Du wirst einmal mit dem Erstbesten davonlaufen.«

Denk einfach daran, dass Gott die erste und wichtigste Autorität in deinem Leben ist und dass er dir genau sagen kann, wer du bist und wohin du gehst.

> Er sagt dir, dass du sein Kind bist!
> Er sagt dir, dass du dahin gehst, wo er dich hinschickt. Und er hat wirklich große Pläne für dich (lies Jeremia 29,11)!

Gott weiß genau, was jede von uns braucht, um die Person zu werden, zu der er uns geschaffen hat. Und er will uns alles geben, was wir brauchen, um so zu werden. Nur er kann uns geben, was für echte Schönheit erforderlich ist. Lies die folgenden Verse und du siehst, dass Gott dich nicht nur geschaffen hat, sondern dass er sich auch die Zeit genommen hat, dich einzigartig und schön zu machen.

> *Und doch, Herr, bist du unser Vater. Wir sind der Ton, du bist der Töpfer und wir sind das Werk deiner Hand (Jesaja 64,7).*

> *Du hast alles in mir geschaffen und hast mich im Leib meiner Mutter geformt (Psalm 139,13).*

Kein Vater ist perfekt, aber Gott gibt uns ein perfektes Beispiel für unsere Einstellung zu unseren Beziehungen und zu uns selbst. Wir werden deinen perfekten Vater in deine Vorstellung von Beziehung hineinbringen. Damit Gott unsere Beziehungen zu Männern, Freundinnen und uns selbst schöner macht, müssen wir vor allem über die Beziehung sprechen, die am wichtigsten ist: die Beziehung zwischen dir und Gott.

Kapitel sechs
Schön, dich kennenzulernen

Ich habe vier enge Freundinnen, und jede ist auf ihre eigene Weise schön. Ich hätte nie gedacht, dass diese vier Mädchen einmal meine besten Freundinnen werden würden. Als ich Callie zum ersten Mal sah, trug sie eine knallrosa Caprihose und ein dazu passendes knallrosa-orange gestreiftes Top – Farben, die so grell waren, dass ich dachte, ich werde blind! Tia und Whitney waren praktisch unzertrennlich. Oft konnte das ganze Wohnheim bis morgens um 3 Uhr nicht schlafen, weil sie in der Eingangshalle nächtliche Fitness-Übungen abhielten und Videospiele daddelten. Bis heute haben sie Schwielen an den Daumen, weil sie zu viel »Super Mario« gespielt haben! Und Beth war so liebenswürdig und unschuldig, dass ich dachte, ich würde sie mit meiner großen Klappe verschrecken. Ihr Zimmer war stets sauber und roch immer nach frischer Wäsche. Da Saubermachen für mich in erster Linie darin bestand, Raumspray zu verteilen, war mein Zimmer ungefähr so frisch und sauber wie die Pilze unter den Zehennägeln meines Großvaters. Nie hätte ich im Entferntesten daran gedacht, dass wir einmal eine solch innige Beziehung haben könnten.

Was ich zuerst mit diesen vier erstaunlichen Mädchen machte, war, was wir alle bisweilen tun, wenn wir Leute zum ersten Mal sehen: Bevor ich sie näher kennenlernte, steckte ich sie in eine bestimmte Schublade. Die ganze Zeit tat ich das, obwohl ich weiß, dass es nicht richtig ist!

Sie sieht arrogant aus. Er sieht wie ein Vollidiot aus. Sie sieht ausgeflippt aus. Automatisch und nur aufgrund des Aussehens nehme ich an, dass ich weiß, was für ein Mensch er oder sie sein muss. Als ich merkte, wie meine Freundinnen wirklich sind, habe ich entdeckt, dass Callie mich inspiriert, weil sie ihren Träumen nachjagt. Tia erstaunt mich mit ihrer Offenheit und ihrer Fähigkeit, sofort mit anderen Kontakt zu knüpfen. Whitney hilft mir mit Ratschlägen und ihrer Bibelfestigkeit und Beth versteht mich und kann sich immer in meine Probleme hineinversetzen.

Unser erster Eindruck von einem Menschen kann eine Beziehung ermöglichen oder verhindern. Aufgrund meines ersten Eindrucks von diesen vier Mädchen hätte ich nie erwartet, dass wir einmal Schwestern fürs Leben werden würden. Wenn ich nicht das Bild überwunden hätte, das *ich* von ihnen hatte, wenn ich nicht zugelassen hätte, dass *sie* mir zeigen, wer sie wirklich sind, hätte ich mir einige der besten Beziehungen meines Lebens entgehen lassen.

Erinnere dich, wie es war, als du deine beste Freundin zum ersten Mal gesehen hast. Wie war dein erster Eindruck von ihr? Wie hat sich dieser Eindruck geändert, seit du sie wirklich kennengelernt hast?

Unser Eindruck von Gott

So wie wir andere Menschen nach unserem ersten Eindruck beurteilen, tun wir es oft auch mit Gott. Wie war dein erster Eindruck von Gott? Welche Eigenschaften kommen dir spontan in den Sinn, wenn jemand »Gott« sagt? Notiere ein paar Worte, die Gott beschreiben.

Manche schreiben möglicherweise *furchterregend,* weil sie sich einen Gott vorstellen, der mit Feuerbällen um sich wirft und jeden bestraft, der seine Zähne vor dem Schlafengehen nicht mit Zahnseide reinigt oder – noch schlimmer – der Zweifel, Sünden und Schwierigkeiten hat. Andere stellen sich einen alten Mann mit Bart vor. Er lächelt freundlich, während er auf seinem Wolkensofa sitzt, aber das ist auch schon alles. Er tut nicht sehr viel und zeigt kein Interesse am Leben eines Menschen. Zuweilen glaube ich an einen Gott, der eine Art »Flaschengeist« ist und mir alles gibt, was ich will. Unser Gottesbild kann davon abhängen, was andere Menschen uns erzählt haben oder wie wir ihn uns vorgestellt haben. Die Frage ist, ob du ihn schon einmal wirklich kennengelernt hast.

Anmerkung von Max Lucado

Als meine Tochter Jenna sechs Jahre alt war, beobachtete ich sie einmal dabei, wie sie vor einem großen Spiegel stand. Sie guckte sich in den Hals. Ich fragte sie, was sie da mache. Sie antwortete: »Ich will sehen, ob Gott in meinem Herzen ist.«

Ich grinste und ging weg. Doch ich hörte noch, wie sie ihn fragte: »Bist du da drin?« Als keine Antwort kam, wurde sie ungeduldig und sprach für ihn. So tief sie mit ihren sechs Jahren nur sprechen konnte, antwortete sie: »Ja.«

Sie hat die richtige Frage gestellt. »Bist du da drin?« Sollte das, was immer behauptet wird, wirklich wahr sein? Dass es dir nicht ausreichte, in einem Busch zu erscheinen und im Tempel zu wohnen? Es reichte dir nicht aus, Mensch zu werden und hier auf der Erde zu leben? Es war nicht genug, dass du dein Wort und das Versprechen deiner Wiederkunft hinterlassen hast? Du wolltest noch mehr tun? Du wolltest in uns wohnen?

»Wisst ihr nicht, dass euer Leib ein Tempel des Heiligen Geistes ist?«, schrieb Paulus (1. Kor[inther] 6,19).

Vielleicht wussten Sie es nicht. Vielleicht wussten Sie nicht, dass Gott so weit gegangen ist, um sicherzustellen, dass Sie zu Hause ankommen. Falls Sie es nicht wussten, dann bin ich froh, dass ich Sie daran erinnern durfte.[1]

Wenn du den einen wahren Gott noch nie wirklich kennengelernt hast, dann würde ich mich sehr freuen, wenn du ihn zum allerersten Mal kennenlernen würdest. Einige von euch kennen Gott vermutlich schon eine Weile. Wenn ja, dann ist das toll! Andere wissen vielleicht gar nicht, dass man Gott überhaupt kennenlernen kann. Das ist auch in Ordnung! Egal, wo du bist, egal, wer du bist, tu mir einen Gefallen: Öffne dein Herz und höre, wie Gott dir sagt, wer er *wirklich* ist.

Der Deckenventilator

Ich muss jede Nacht aufstehen und zur Toilette gehen. Das ärgert mich! Ich bin so frustriert, wenn meine Blase sich vor Schmerzen krümmt und mich aus dem Tiefschlaf weckt. Zum Teil mag ich das nicht, weil ich nachts ein echter Angsthase bin. Schatten an der Wand und knarrende Geräusche machen mich nervös. Manchmal muss ich schnell Licht machen, um mir selbst zu beweisen, dass nirgendwo ein furchterregendes Monster in meinem Zimmer lauert.

Eines Tages, als niemand außer mir da war, wollte ich gerade unser Haus betreten. Doch bevor ich die Tür aufschloss, sah ich, wie sich drinnen ein Schatten bewegte. Ich dachte, ein Einbrecher sei im Haus, rannte zur Nachbarin und bat sie, mich zu begleiten. Doch sobald wir uns näherten, erkannte ich, dass der Deckenventilator Schatten an die Wand warf. Da stand ich also mit einer Nachbarin, die ich kaum kannte, und bat sie, mir beim Kampf gegen einen Deckenventilator zu helfen. Ziemlich peinlich.

Hast du schon einmal vor etwas Angst gehabt, was letztendlich gar nicht furchterregend war?

Es ist so leicht, unser ganzes Leben lang zu denken, dass wir Gott so sehen, wie er wirklich ist. Wir denken, dass wir ihn durchschaut haben. Wir denken, dass wir wissen, was für ein Gott er ist, während wir ihm in Wirklichkeit nicht erlaubt haben, den Lichtschalter anzuknipsen. Unser Wissen von ihm beruht auf einem verzerrten Schatten und nicht auf dem, was er von sich selbst sagt.

Manchmal bin ich zu verängstigt, um ihm mein Herz zu öffnen. Ich habe Angst davor, Gott so zu sehen, wie er wirklich ist, weil sich dann mein Leben, meine Überzeugungen und alles, was ich meiner Meinung nach weiß, verändern könnten. Ich verstecke mich lieber hinter einem Gott, den ich in meinem Kopf erschaffen habe, denn dann kann ich so leben, wie ich will. Allzu oft gebe ich mich mit meiner falschen Vorstellung von Gott zufrieden, anstatt mir von ihm die erstaunliche Wahrheit über ihn zeigen zu lassen.

Das Coolste ist, dass erstaunliche Dinge geschehen können, wenn wir beginnen, Gott so zu sehen, wie er wirklich ist …

Schönheitstipp

Klar sehen

Wir nehmen uns nicht wirklich die Zeit, darüber nachzudenken, wie wichtig unsere Augen sind. Doch das ist ein Bereich, dem wir Beachtung schenken müssen.

- Iss Lebensmittel, die viel Vitamin A enthalten, um deine Augen gesund zu erhalten. Süßkartoffeln, Karotten, Butternuss-Kürbis und Melonen sind ideal.
- Lege kühle Gurkenscheiben auf die Augen, wenn du Augenringe oder geschwollene Augen hast. Trage eine grüne Peeling-Maske auf, wenn du dich besonders verwöhnen willst (oder einfach, um deinem kleinen Bruder Angst einzujagen!).
- Augen-Make-up sollte immer frisch und sauber sein, um Infektionen zu vermeiden. Im Internet gibt es tolle Tipps für Farben und Methoden, mit denen du die Schönheit deiner Augenform und Augenfarbe verstärken kannst.

Gib den »Ich-bin-nicht-zu-jung-für-Kontaktlinsen«-Kampf mit deiner Mutter auf. Hast du die toll geformten Brillen gesehen, die es jetzt gibt? Such dir ein hübsches, trendiges Brillengestell aus und zieh eine Show ab!

iPhone

Meine Mutter hat sich vor Kurzem ein iPhone gekauft. Jetzt denkst du womöglich: *Super, das ist ja cool, dass deine Mutter technisch so fortschrittlich ist.* Falsch gedacht!

Ein iPhone kann heutzutage fast alles. Es speichert Musik, Filme, Bilder und Spiele. Es enthält Programme für Spiele, zur Überprüfung des Fitnessgrads, zur Suche des nächstgelegenen McDonald's, zum Trainieren, Bettenmachen, Nägel feilen – und außerdem kann man damit auch noch telefonieren! (Okay, die letzten zwei oder drei Punkte übersteigen doch ein bisschen die iPhone-Fähigkeiten, doch eines Tages wird es so weit sein.) Trotz all dieser ihr zur Verfügung stehenden Anwendungen benutzt Mama ihr iPhone nur zum Telefonieren und zum Simsen – und das Simsen war ein Riesenschritt für sie. Okay, ich muss zugeben, dass sie inzwischen auch ihre E-Mails checken kann.

Jedes Mal, wenn ich ihr etwas Neues zeige, was mit ihrem iPhone möglich ist, schnappt sie nach Luft: »Ich habe gar nicht gewusst, dass mein Telefon so etwas kann!«

Wenn wir zulassen, dass Gott uns alles zeigt, was er kann – wenn wir aufhören, zu glauben, dass wir schon alles über ihn wissen, wenn wir ihn erklären lassen, wer er wirklich ist – dann schnappen wir nach Luft: »Ich habe gar nicht gewusst, dass mein Gott so etwas kann!«

Es wird Zeit, das Licht einzuschalten! Es wird Zeit, über den undeutlichen Schatten des Gottes, den du kennst, hinauszuschauen. Es wird Zeit zuzulassen, dass Gott dir und mir zeigt, wie wir ihn sehen sollen.

Wie sollen wir Gott sehen?

Zuallererst will Gott, dass wir ihn als unseren Vater sehen.

Anmerkung von Max Lucado

Es war ihr Singen. Zunächst achtete ich nicht darauf. Ich hatte auch gar keinen Grund dazu. Die Umstände waren belanglos. Ein Vater, der seine sechsjährige Tochter von einem Pfadfindertreffen abholte. Sara war gerne bei den Pfadfindern; sie freute sich über die Belohnungen, die sie sich verdiente, und trug mit Vergnügen die Uniform. Sie kletterte ins Auto und zeigte mir ihr neues Abzeichen und einen frisch gebackenen Keks. Ich bog in die Hauptstraße ein, schaltete ihre Lieblingsmusik an und dachte über anspruchsvollere Dinge wie Termine und Verpflichtungen nach.

Doch kurz danach riss mein Gedankengang ab. Sara sang. Sie sang von Gott. Sie sang für Gott. Mit zurückgeworfenem Kopf sang sie aus voller Kehle. Die Harfen im Himmel hielten inne, um zu lauschen.

Ist das meine Tochter? Sie klingt älter. Sie sieht älter, größer, ja hübscher aus. Habe ich etwas verschlafen? Was ist mit den Pausbäckchen, dem kindlichen Gesichtchen und den plumpen Fingerchen geschehen? Sie wird eine junge Dame. Ihr blondes Haar fällt bis zu den Schultern. Ihre Füße baumeln vom Sitz. Irgendwann in der Nacht hat sich ein Blatt gewendet, und jetzt, schaut sie nur an!

Wenn Sie Kinder haben, wissen Sie, was ich meine. Gestern noch Windeln, heute Autoschlüssel? Plötzlich ist es bald so weit, dass Ihr Kind auszieht, und Sie haben nicht mehr viele Möglichkeiten, Ihre Liebe zu zeigen, also sprechen Sie.

Genau das tat ich. Das Lied war aus, Sara hörte auf zu singen, und ich stoppte die Kassette, legte die Hand auf Saras Schulter und sagte: »Sara, du bist wirklich etwas ganz Besonderes.« Sie wandte sich mir zu und lächelte nachsichtig. »Eines Tages wird irgendein raubeiniger Junge dein Herz stehlen und dich ins nächste Jahrhundert mitreißen. Aber im Moment gehörst du mir.«

Sie legte den Kopf auf die Seite, schaute eine Minute lang weg, dann zurück zu mir und fragte: »Papa, warum benimmst du dich so komisch?«

Ich kann mir vorstellen, dass solche Worte einer Sechsjährigen seltsam vorkommen müssen. Die Liebe von Eltern klingt unbeholfen in den Ohren eines Kindes. Mein Gefühlsausbruch ging über ihren Horizont. Doch das hielt mich nicht vom Sprechen ab.

Für unseren kleinen Verstand ist es genauso unmöglich, die Liebe Gottes zu begreifen. Aber das hinderte ihn nicht daran, auf uns zuzugehen.

Und auch wir haben schon oft den Kopf auf die Seite gelegt. Wie Sara fragen wir uns, was unser Vater tut. Von der Krippe in Bethlehem bis zum Kreuz auf Golgatha haben wir über die Liebe unseres Vaters nachgegrübelt. Was kann man dazu sagen? Wie reagieren Sie, wenn Sie erfahren, dass Gott lieber stirbt, als ohne Sie zu leben? Wie kann man solch eine Hingabe erklären?[2]

Wir können nicht begreifen, dass der Gott des Universums über uns singt, sich an uns freut, die Engel anstupst und ihnen zuflüstert: »Das ist mein Mädchen. Ist sie nicht schön?« Doch so ist der Vater, den wir haben!

Ich möchte zwei Geschichten erzählen, die zeigen, welch ein Vater Gott ist. Vielleicht hast du sie schon einmal gehört, aber ich werde sie mit meinen eigenen Worten erzählen. Ich verspreche, dass ich dir helfe, die Geschichten auf dein persönliches Leben zu übertragen. Wenn du das gemacht hast, wirst du für immer verändert sein.

Geschichte Nr. 1: Issy hat Probleme (1. Mose 16,1-16; 21,1-29)

Es war einmal ein Junge mit Namen Ismael. Nennen wir ihn kurz Issy.

Issy hatte Probleme. Kein Wunder, wenn man bedenkt, in welch emotionales Chaos er hineingeboren wurde. Sein Vater Abram, der später in Abraham umbenannt wurde (nennen wir ihn Abi), war mit Sarai verheiratet, als er mit Issys Mutter Hagar ein Baby bekam. Du kannst dir wohl vorstellen, welche Spannungen zwischen Hagar und Sarai aufgrund dieser Geburt herrschten. Das Ganze wurde noch schlimmer dadurch, dass sie alle zusammenlebten – eine große zerrüttete Familie.

Manche von uns verübeln es Gott, dass sie in ein Chaos hineingeboren wurden. Vielleicht kennst du deinen Vater gar nicht. Oder für dich ist es – verständlicherweise – ein Problem zu sehen, dass dein Vater eine andere Frau geheiratet hat, eine Frau, die nicht deine Mutter ist. Issy wusste, was das für ein Gefühl ist. Und seine Situation wurde noch schlimmer.

Als Issy vierzehn Jahre alt war, bekam Abis Frau Sarai, die jetzt Sara genannt wurde, ein Baby, einen kleinen Jungen. Vierzehn Jahre lang hatte Issy all die Aufmerksamkeit von seinem Vater erhalten, die er brauchte, und jetzt war da dieser Kleine – dieses gefeierte Wunderbaby. (Niemand, am wenigsten Abis Frau selbst, hätte gedacht, dass sie noch ein Kind bekommen würde.)

Welche Stiefschwestern, Stiefbrüder oder Halbgeschwister sind in dein Leben eingedrungen? Vielleicht kommst du dir an manchen Tagen wie ein vergessenes Kind vor, das den zweiten Rang einnimmt und mit jemandem um Papas Aufmerksamkeit wetteifern muss. Oder deine Mutter und dein Vaters sind zusammen, aber du musst trotzdem um seine Aufmerksamkeit kämpfen.

Und als Issy dachte, jetzt könne es nicht mehr schlimmer werden, beschloss Sarai, Issy und seine Mutter fortzuschicken. Schließlich hatten Sarai und Abi endlich den Sohn, den sie sich immer gewünscht hatten. Also warf sie Hagar und Issy raus! Issy wünschte sich so sehr, dass sein Vater für ihn kämpfen würde. Als Issy mit seinem Gepäck wegmarschierte, sehnte er sich schmerzlich danach, dass sein Vater hinter ihm herlaufen, ihn an sich ziehen und sagen würde: »Geh nicht fort! Ich lasse dich nicht weggehen! Bleib bei mir!« Doch das geschah nicht. Sein Vater stand einfach da und sah zu, wie er verschwand. Issy schaute immer wieder zurück, um einen letzten Blick auf seinen Vater zu werfen, den er wahrscheinlich nie mehr sehen würde. Er versuchte, stark zu sein, doch sobald das Gesicht seines Vaters so weit weg war, dass er es nicht mehr klar erkennen konnte, rannen ihm Tränen übers Gesicht.

Heutzutage haben viele Kinder einen Koffer für die Wohnung ihrer Mutter und einen für die Wohnung ihres Vaters. Jede Woche verbringen sie bei einem anderen Elternteil. Es fällt ihnen schwer, einen Elternteil zu verlassen, aber sie freuen sich darauf, den anderen zu sehen. Manchmal hat der Vater auch eine andere Frau und ein neues Baby. Es ist, als habe er sich eine andere Familie ausgesucht. Geht es dir so ähnlich? Vielleicht hast du versucht, stark zu bleiben und dir einzureden, dass es nicht wehtut. Aber in Wirklichkeit weint dein Herz. Du bist nicht die Einzige, der es so geht.

Hagar und Issy wanderten durch die Wüste, bis sie nichts mehr zu essen und zu trinken hatten. Sie wussten nicht, wohin sie gehen sollten, und kannten niemanden, der sie aufnehmen würde. Wir können uns nur vorstellen, dass Issy wütend auf seinen Vater war, er ihn aber trotzdem liebte. Sein Vater fehlte ihm und gleichzeitig hasste er ihn. Er wünschte sich, dass sein Vater ihn beschützen, ihn im Arm halten und ihm sagen würde, dass alles wieder gut wird.

Wir alle sehnen uns danach, jemanden zu haben, der uns in den Arm nimmt, uns Hoffnung schenkt, uns schützt. Doch viele von uns haben den Eindruck, niemanden zu haben. In diesen Zeiten beginnen wir möglicherweise, am Leben und sogar an uns selbst zu verzweifeln. Wir können uns auch verloren vorkommen, unzufrieden mit uns und unserem Leben werden.

Als Issy und seine Mutter gerade aufgeben wollten, griff Gott ein. Gott hörte Issy weinen und der Engel Gottes fragte Hagar: »Hagar, was ist mit dir? Hab keine Angst! Gott hat das Weinen deines Sohnes gehört, der dort liegt. Steh auf, nimm den Jungen und halte ihn fest an der Hand, denn ich werde seine Nachkommen zu einem großen Volk machen« (1. Mose 21,17-18). Dann gab Gott ihnen Wasser zu trinken und sorgte für sie.

Das ist noch nicht alles. Die Bibel berichtet, dass Gott mit Issy war, als er heranwuchs. Gott ließ Issy nicht ohne Vater aufwachsen. Er war Issys perfekter Vater. Er sorgte für Issy, beschützte ihn und schenkte ihm einen Traum und einen Lebenszweck. Zu guter Letzt wird in der Bibel berichtet, dass Ismael seine eigene Familie gründete und viele Nachkommen hatte.

Diese Geschichte zeigt, in welcher Hinsicht Gott wie ein Vater ist. Welche Vatereigenschaften Gottes kommen in dieser Geschichte zum Ausdruck?

Kreuze die Sätze an, die den perfekten Vater beschreiben, den du und ich in Gott haben.

Ich habe dich schon immer geliebt. Deshalb habe ich dir meine Zuneigung so lange bewahrt (Jeremia 31,3).

Denn er wird mich aufnehmen, wenn schlechte Zeiten kommen, und mir in seinem Heiligtum Schutz geben. Er wird mich auf einen hohen Berg stellen, wo mich niemand erreichen kann (Psalm 27,5).

Wenn selbst Vater und Mutter mich verlassen, wird doch der Herr mich aufnehmen (Psalm 27,10).

Er erfüllt die Wünsche derer, die ihn achten, er hört ihre Hilfeschreie und rettet sie (Psalm 145,19.)

Anmerkung von Max Lucado

Es wäre genug, wenn Gott nur den guten Ruf Ihres Namens wiederhergestellt hätte, doch er tut mehr. Er gibt Ihnen seinen Namen. Es wäre genug, wenn Gott Sie nur frei gemacht hätte, aber er tut mehr. Er bringt Sie nach Hause. Er bringt Sie heim in das Haus Gottes.

Adoptiveltern verstehen das am besten. Ich möchte damit bestimmt leibliche Eltern nicht kränken – ich gehöre ja auch zu ihnen. Wir leiblichen Eltern kennen die aufrichtige Sehnsucht nach einem Kind. Und in vielen Fällen wurde unser Kinderwunsch erfüllt. Wir entschieden uns für ein Kind und das Kind wurde geboren. Manchmal kam das Kind auch ohne unsere Entscheidung. Ich habe von ungeplanten Schwangerschaften gehört, aber noch nie von einer ungeplanten Adoption.

Deshalb verstehen Adoptiveltern Gottes glühenden Wunsch, uns zu adoptieren, so gut. Sie kennen das Gefühl, dass tief im Inneren ein leerer Platz ist. Sie wissen, was es bedeutet, unermüdlich zu suchen, sich etwas fest vorzunehmen und die Verantwortung für ein Kind mit schwieriger Vergangenheit und zweifelhafter Zukunft zu übernehmen. Wenn irgendjemand Gottes Leidenschaft für seine Kinder versteht, dann jemand, der ein Waisenkind aus der Hoffnungslosigkeit gerettet hat, denn genau das hat Gott für uns getan.

Gott hat Sie adoptiert. Gott suchte Sie, fand Sie, unterschrieb die Papiere und nahm Sie mit nach Hause.[3]

Immer wieder in der Bibel bittet uns Gott, ihn als unseren Vater zu betrachten. Als ich Gott als meinen Vater kennenlernte, änderte sich alles für mich. Mein Leben wurde so viel schöner. Für dich kann es die gleiche Wirkung haben.

Geschichte Nr. 2: Die Geschichte ohne Titel

(Diese Geschichte ist so gut, dass ich ihr nicht gerecht würde, wenn ich ihr einen Titel gäbe. Wenn du die ganze Geschichte von Jesus erfahren willst, dann lies die Bücher Matthäus, Markus, Lukas oder Johannes. Dort steht wirklich Erstaunliches!)

Der Gedanke schmerzte ihn. Seit Anbeginn der Zeit hatte er gewusst, dass dies ein dunkler Tag sein würde, aber er wusste auch, dass das Licht nicht weit war.

Dreiunddreißig Jahre waren vergangen, seit Gott seinen Sohn Jesus auf die Erde geschickt hatte, damit er mitten in seiner Schöpfung lebte. Und jetzt war der Tag gekommen, vor dem dem ganzen Himmel grauste – und der Tag, an dem die Hölle jubeln würde. Obwohl Gott alle Macht der Welt hatte, um seinen Sohn zu retten, hielt er seine Hand zurück.

Wahrscheinlich weißt du nicht, wie es ist, ein Kind zu haben, aber du hast vielleicht schon einen geliebten Menschen verloren. Wenn nicht, versuche dir auszumalen, wie es sein würde, jemanden aus deiner Familie zu verlieren. Wie wäre es, wenn du schon vorher wüsstest, dass ein Mensch, den du liebst, bald sterben wird? Würdest du ihn nicht retten und schützen wollen?

Für Jesus war die Entfernung zwischen Himmel und Erde viel größer als jeder Umzug, den eine Familie im 21. Jahrhundert machen könnte. Wenn ich »Entfernung« sage, dann meine ich das nicht im Sinne von Kilometern. Ich meine das in Sinne von … nun … allem. Ich weiß, dass wir denken, es sei schwierig, eine neue Sprache zu sprechen oder ungewohnte Nahrungsmittel zu essen. Doch Jesus legte seine Königswürde ab und wurde ein normaler Mann. Seine Hände, die die Sterne gehalten hatten, bearbeiteten jetzt Holz, seine Stimme, die die Schöpfung ins Leben gerufen hatte, wurde zu einer Stimme, die in der Pubertät kiekste. Gott wurde Mensch.

Während dieser dreiunddreißig Jahre auf der Erde verkündete Jesus, dass er der Sohn Gottes ist und dass durch ihn die Menschen das ewige Leben erhalten können.

Stell dir vor, du wärst bei den Leuten gewesen, die zuhörten, als Jesus das behauptete. Hättest du ihm geglaubt oder hättest du ihn für verrückt gehalten? Wenn ich dabei gewesen wäre und mich jemand nach meinem ersten Eindruck von Jesus gefragt hätte, hätte ich wahrscheinlich geantwortet: Er ist ein Psychopath. Doch andererseits hatte er zweifellos ein Erscheinungsbild, das mich neugierig gemacht hätte. Hast du schon einmal einen freundlichen Menschen mit sanften Augen und einer unerklärlichen Ausstrahlung getroffen, zu dem du dich hingezogen fühltest? Ich stelle mir vor, dass Jesus während seines Lebens auf der Erde solch ein Mensch war.

Jesus tat ein Wunder nach dem anderen. Er gab Armen zu essen und pflegte Umgang mit den Versagern, die keiner mochte. Aber die Wunder und die Freundlichkeit waren nicht der einzige Grund, weshalb er den Himmel verließ und mitten unter uns wohnte. Sein wesentlichstes Ziel war – zu sterben.

Ich weiß, wie es einem stinkt, wenn man am Samstagvormittag nachsitzen muss. Vor allem, wenn man weiß, dass drei Stunden Saubermachen auf dem Schulgelände auf einen warten. Ich weiß, wie unangenehm es ist, mit einem schlechten Schulzeugnis nach Hause zu gehen und zu wissen, dass die Mutter danach fragen wird. Und ich weiß, wie nervig es ist, die Hälfte der Sommerferien bei der Großmutter verbringen zu müssen, wo man den ganzen Tag nur Wiederholungen von uralten Filmen anschauen kann. Aber an einen Ort zu gehen und zu wissen, dass man dort sterben wird? Das ist etwas ganz anderes.

Das Erstaunliche an Jesus ist, dass er aus freien Stücken beschloss, auf die Erde zu kommen. Er hätte es nicht tun müssen!

Ich bin mir ziemlich sicher: Wenn ich oben im Himmel zur Rech-

ten Gottes leben würde, dann würde ich nicht freiwillig dreiunddreißig Jahre lang auf der Erde wohnen, wo ich Krankheit, Grausamkeit, Hunger, Missverständnisse, Ablehnung, Verrat, Einsamkeit ertragen müsste … doch Jesus kam nicht nur, um das alles durchzumachen, sondern auch – und das wusste er – um zu sterben und die völlige Trennung von seinem Vater zu erleben.

Jesus musste nicht an einem Kreuz sterben. Er hätte sich einen schnellen, schmerzlosen Tod aussuchen können, etwas weniger Grausames, als sechs Stunden lang an einem splittrigen Holzstamm zu hängen. Doch er starb auf eine der grausamsten Weisen, damit die grausamsten unserer Sünden vergeben werden können.

Überlege dir, in welcher Weise wir etwas für einen anderen Menschen opfern können. Wir können ein Wochenende opfern, um bei einer »Tafel« Bedürftigen Essen auszuteilen. Wir können auf unsere Lieblingsfernsehsendung verzichten und unserer Schwester bei ihren Hausaufgaben helfen. Wir können unser Taschengeld einem Obdachlosen auf der Straße geben. Ich weiß, dass das alles nicht gerade leicht ist. Doch nichts, was wir tun – nichts, was irgendjemand jemals getan hat – kann man mit dem Opfer vergleichen, das Gott gebracht hat.

Warum musste Jesus sterben? Tja, hier stehen wir vor einem Dilemma: Gott ist vollkommen. Wir … nun … sind es offensichtlich nicht. Da Gott gut und gerecht ist, wäre es richtig, uns für ewig für unseren ganzen Mist zu bestrafen und uns nicht im Himmel bei ihm leben zu lassen. Doch da Gott uns so sehr liebt, dass er uns nicht aufgrund unserer Sünde sterben lassen will, ließ er seinen Sohn, als das vollkommene Opfer, unseren Platz einnehmen, damit alle unsere Sünden vergeben werden können.

In der Bibel steht: »Denn Gott machte Christus, der nie gesündigt hat, zum Opfer für unsere Sünden, damit wir durch ihn vor Gott gerechtfertigt werden können« (2. Korinther 5,21).

Und gerade als die Dämonen der Hölle dachten, sie hätten den Sieg davongetragen, weil der Sohn Gottes tot war, gerade, als die Engel den Kopf bekümmert hängen ließen, begann die Erde zu beben. Die Wachposten, die das Grab von Jesus absicherten, begannen vor Angst zu zittern. Der Stein, der den Eingang versperrte, rollte langsam weg.

Jesus war von den Toten auferstanden! Jesus besiegte den Tod und die Sünde für uns. Wegen Jesus hat Gott uns das Geschenk gemacht, dass wir zu seiner Familie gehören und für immer bei ihm leben dürfen.

Ich mag Happy Ends, und aus diesem Grund schaue ich gerne Disney-Filme. Aber ich habe nie einen Film gesehen oder eine Geschichte gelesen, der bzw. die ein solch gutes Ende hat wie diese. In dieser Geschichte bekommen du und ich das beste Ende, das es gibt: Wir sind Adoptivtöchter Gottes! Denk eine Minute darüber nach. Wir beide sind Töchter des Gottes, der die Sterne geschaffen hat, des Gottes, der das Atmungssystem erfunden hat, des Gottes, der die Fische im Meer und die Vögel in der Luft gebildet hat! Das ist unser Vater!

Kapitel sieben
Meine Facebook-Sucht

Ich bin süchtig. Nicht nach Zigaretten, nicht nach Alkohol, und nein, ob du es glaubst oder nicht, ich leide auch nicht an Kaufsucht. Ich bin süchtig nach Facebook.

Wenn du noch nie etwas von Facebook gehört hast, erkläre ich dir kurz, worum es geht. Es ist ein Online-Netzwerk, in dem Menschen mit ihren Freunden und Bekannten in Verbindung treten können. Man kann ein Profil ins Netz stellen, auch mit Bildern von sich, verfügt über eine Pinnwand und kann persönliche Nachrichten austauschen.

Ich kann stundenlang aufbleiben und auf Facebook im Leben meiner Freunde und Bekannten umherirren. Ich versenke mich in die Bilder vom Urlaub meiner Freundin auf Hawaii. Ich habe den Eindruck, mit ihr zusammen am Strand zu liegen, Kokosmilch zu schlürfen und zu kichern, wenn eine Welle meine Zehen mit einem kühlen, salzigen Gruß überrascht. Ich vergesse mich beim Betrachten der Bilder von der Geburtstagsfeier einer anderen Freundin, bei der ich nicht dabei sein konnte. Ich höre praktisch, wie die Gäste »Happy Birthday« singen und rieche den Rauch, wenn sie die Kerzen auf ihrem Kuchen ausbläst.

Siehst du? Ich habe ein Problem! Sogar jetzt, wo ich nicht auf Facebook bin, bin ich im sozialen Netzwerk von Facebook gefangen, wenn ich nur daran denke.

Nun, all die Zeit mit Facebook hat mich zum Nachdenken gebracht: über Beziehungen und die persönlichen Optionen im Facebook-Profil. Optionen wie Markierungen beim »Beziehungsstatus«, mit denen man sein Liebesleben definieren kann, zum Beispiel: »Single«, »In einer Beziehung«, »Es ist kompliziert« und »In offener Beziehung«.

Wir haben gerade damit angefangen, Gott als unseren Vater zu betrachten. Schauen wir jetzt, wie ein Vater/Tochter-Beziehungs-Status uns verändert.

Wenn wir unser Gottesbild korrigieren und Gott als Vater betrachten, dann bekommen wir kostenlos ein umfassendes Umstyling für unser Leben. Unser Erscheinungsbild beginnt sich zu verändern. Wir sehen uns allmählich wirklich als seine Töchter. Wenn wir einen Vater haben, der uns als schön bezeichnet, beginnen wir, uns auch schön zu finden. Aber nicht so, wie die Welt *schön* definiert. Gott hilft uns, eine innere Schönheit zu erkennen, die mit Sicherheit, Selbstwertgefühl, Selbstbeherrschung, Frieden, Freude und Zufriedenheit einhergeht.

Schließlich sehen wir, was Gott sieht, wenn er uns anschaut!

Und das ist noch nicht alles. Wir beginnen, auch andere so zu sehen, wie Gott sie sieht. Wenn eine Freundin uns den Rücken gekehrt hat, verwandelt sich die Bitterkeit gegenüber dieser Freundin in Vergebung. Wenn wir stets auf die Aufmerksamkeit von Männern aus sind, verschwinden diese ungesunden Sehnsüchte nach und nach, weil Gott uns Aufmerksamkeit schenkt. So beginnt Gott, für uns neu zu definieren, worum es bei Beziehungen geht.

Aber Achtung: Wir dürfen nicht meinen, dass alles auf der Stelle ins Lot kommt. Gott will, dass wir uns die Zeit nehmen, ihn als unseren Vater kennenzulernen. Er will eine Vater/Tochter-Beziehung mit uns. Je besser wir ihn als unseren Vater kennenlernen, umso mehr ändert sich unser Leben.

Ich gebe gerne zu, dass eine Beziehung mit Gott kompliziert erscheinen kann, deshalb sprechen wir jetzt darüber. Ich verspreche, dass es interessant wird.

Erinnerst du dich an all die Optionen beim Beziehungsstatus im Facebook-Profil? Welche dieser Facebook-Beziehungsstatus-Optionen beschreibt heute deine Beziehung zu Gott?

Single: *Nein danke. Ich lege Wert auf meine Unabhängigkeit und bin nicht wirklich an einer Beziehung mit Gott interessiert.*

In einer Beziehung: *Ich liebe Gott. Ich versuche, mit ihm Zeit zu verbringen, und spreche mit ihm über mein Leben. Ich versuche, ihn kennenzulernen, und möchte, dass er mich kennt.*

In offener Beziehung: *Ich glaube an Gott und versuche hin und wieder, ihn zu lieben, aber ich will ihm nicht jeden Bereich meines Lebens ausliefern. Ich mache gerne Dinge, die Gott vielleicht nicht unbedingt gefallen – ich feiere am Wochenende, knutsche stundenlang mit meinem Freund herum oder trage Kleidung, die nicht nach Gottes Geschmack ist. Zu Hause oder in der Kirche versuche ich, Gott zu begegnen, aber in der Schule und am Wochenende schließe ich ihn ziemlich aus.*

Es ist kompliziert: *Ich habe es mit einer »Beziehung mit Gott« versucht, aber es ist so schwer! Ich kann ihn nicht sehen, nicht berühren, nicht hören. Manchmal frage ich mich, ob ihm überhaupt etwas an mir liegt. Und die Bibel finde ich so langweilig!*

Ich möchte dir jetzt einfach meine Geschichte erzählen, um dir zu zeigen, wie eine Beziehung mit Gott das Leben verändern kann.

Den Beziehungsstatus ändern

Ich wuchs als Kind eines Pastors auf: Mein ganzes Leben lang habe ich von Gott gehört. Mein Vater hielt jeden Abend eine »Familienandacht« und machte uns die Bibel lebendig. Einmal erzählte er uns die Geschichte, wie Gott den Israeliten in der Wüste Manna vom Himmel schickte (2. Mose 16). Vorher, als wir es nicht sahen, hatte er Kekse auf den Deckenventilator gelegt. Als er nun den Ventilator einschaltete, flogen die Kekse durch die Luft. Es sollte Manna vom Himmel sein, aber sobald die kleinen Kekse auf unseren Kopf fielen, wussten wir, dass Papa den »himmlischen Imbiss« aus unserer Vorratskammer geholt hatte. Damit will ich sagen, dass ich mit der Bibel vertraut war. Meine Eltern haben mir von Gott erzählt. Und das alles gefiel mir sehr, … bis ich in der Mittelstufe war.

Das war eine schwierige Zeit. Ich stellte nicht nur Dinge infrage, sondern rebellierte auch. Ich wurde die typische aufmüpfige Pfarrerstocher, die sich aus dem Haus schlich, auf Partys ging und mit ihren Freunden trank und rauchte. Wahrscheinlich weil ich es satt hatte, dass sich meine Clique wegen meines Glaubens über mich lustig machte, traf ich eine Entscheidung: *Ich will cool sein. Jesus ist nicht cool. Also mache ich mit Jesus Schluss.* In der Facebook-Welt würde das heißen, dass man seinen Status von »In einer Beziehung« zu »Single« ändert.

Eine Weile fühlte ich mich mit dieser Entscheidung wohl. Doch nach einiger Zeit empfand ich ein immer stärkeres Gefühl der Verlorenheit. Ich wusste nicht, wer ich war. Dieses neue Erscheinungsbild, das ich ausprobierte – das coole Partygirl – passte nicht so recht zu mir. Schauspielerei, Verwirrung und Unsicherheit prägten mein Leben. Äußerlich wirkte ich so, als käme ich prima zurecht. Doch je mehr ich versuchte, beliebt zu sein, desto unsicherer fühlte ich mich, weil das nicht mein wahres Ich war. Ich war so, wie alle anderen mich haben wollten.

Jedes Mal, wenn ich zur Schule aufbrechen wollte, ärgerte ich mich über meine Mutter. In dem Moment, wo ich zum Auto flitzen wollte, stand sie immer vor der Tür und rief: »Warte, ich will diesen Bibelvers über dir lesen!« Zu jener Zeit in meinem Leben war die Bibel das letzte Buch, das ich lesen wollte. Die Tage mit den Keksen von oben, als die Bibel aufregend gewesen war, gehörten der Vergangenheit an. Bibelverse waren jetzt nur eine Zeitverschwendung von dreißig langen Sekunden bei meinem Fünfzehn-Minuten-Countdown auf dem Weg zur ersten Stunde. Doch ich glaube, dass diese Male, wo meine Mutter Gottes Wort über mir las, mir mehr geholfen haben, als ich annahm. Denn nach einigen Jahren machte etwas bei mir Klick.

Es war keine in die Wolken geschriebene Botschaft von Gott. Es war kein Feuerwerk in meinem Herzen. Es war kein Riesenwunder und auch keine Katastrophe, die etwas veränderte. Es waren die beständigen, täglichen Gebete meiner Eltern, die Fürsorge des Jugendpastors und die Gespräche mit christlichen Freundinnen. Durch all das verdeutlichte Gott mir, dass er mir nachging und dass er mir etwas zeigen wollte. Damals war ich mir nicht sicher, was dieses »etwas« war. Aber ich hatte den Eindruck, dass Gott mir sagen wollte: »Hey, an mir ist viel mehr dran, als du denkst.«

Und das war eine tolle Nachricht, denn die Partys waren doch nicht so gut für mich. Sie hatten lediglich zu peinlichen Erinnerungen daran geführt, wie ich mich in der Toilette erbrach. Nur damit du es weißt: Es ist nicht schön, wenn man betrunken ist und sich mit Erbrochenem bekleckert. Insgesamt hatten mir meine Versuche, beliebter zu werden, nicht weitergeholfen. Mir wurde klar, dass ich versuchte, zu Menschen zu passen, die mich nicht um meiner selbst willen liebten. Und das trägt nicht unbedingt zum Glücklichsein bei. Die Partys, bei denen ich war, die Freunde und Freundinnen, mit denen ich Umgang pflegte, meine Flunkerei, die Klatschgeschichten, die ich hörte – all das veränderte mich in einer Weise, für die ich nicht geschaffen war. Und ich war bereit, herauszufinden, wer Jenna Lucado wirklich ist! Ich war bereit, ein sinnvolles Leben zu führen. Deshalb erschien mir das Reden über die »*Beziehung mit Gott*« zum ersten Mal irgendwie interessant. Ich änderte meinen Beziehungsstatus wieder, von »Single« zu »In offener Beziehung«. Zu Hause und in der Kirche gewährte ich Gott Zutritt zu meinem Leben. Aber ich war noch nicht bereit, mich von den Mädchen zu trennen, die meinen Glauben schwächten, und nicht mehr mit Jungs auszugehen, die Gott nicht liebten.

Langsam aber sicher hatte ich es satt, so zu sein, wie ich war, und das zu tun, was ich tat, und ich hatte die Leute satt, mit denen ich Umgang pflegte. Ich glaube, dass ich einfach mehr wollte. Einerseits versuchte ich, mehr über Gott zu erfahren, doch andererseits lebte ich nicht so, wie es Gott gefiel. Diese »offene Beziehung« brachte mich durcheinander und zerriss mich innerlich. Mein ganzes Erscheinungsbild benötigte eine Veränderung. Meine Identität benötigte ein völliges Umstyling.

Was Gott betrifft, wusste ich nicht wirklich, wo ich anfangen sollte. Ich dachte, dass ich ihn kennen würde, doch etwas sagte mir, dass ich ihn eigentlich gar nicht kannte. Zu jener Zeit beschloss ich, die Bibel zu lesen, obwohl all dieses schwarze Kleingedruckte schrecklicher aussah als jeder Dickens-Roman. Doch anstatt alles mit der Schnelllesemethode zu überfliegen, wie ich es üblicherweise bei meinen Englisch-Hausaufgaben machte, las ich gründlich, um wirklich zu verstehen, was Gott mir über sich sagen wollte. König David ermahnt uns in der Bibel, über Gottes Wort »nachzusinnen«. Das bedeutet nicht, dass David uns auffordert, die Jogamatte hervorzuholen, uns im Schneidersitz hinzusetzen und meditierend »Ooommmm« zu summen. Aber König David verstand, wie wichtig es ist, Gottes Worte eines nach dem anderen in uns aufzunehmen, über sie nachzudenken, sie auf unser Leben anzuwenden und die Worte Tag und Nacht in uns eindringen zu lassen. Bald wurde Gott sehr real und persönlich für mich.

Schönheitstipp
Stille Zeit

Das tägliche Nachsinnen über Gottes Wort richtet unsere Gedanken neu auf das aus, was zählt. Während dieser Zeit können wir unsere Sorgen Gott abgeben und ihn zu uns sprechen lassen. Hier ein paar Tipps:

- Mach es dir bequem, aber nicht so bequem, dass du einschläfst. Finde einen ruhigen Ort und trage bequeme Kleidung. Manche kuscheln sich in einen Sessel oder strecken sich auf dem Rasen aus.
  Atme ein paar Mal tief durch, mach deinen Kopf frei (das ist der schwierigste Teil) und lies dann eine Bibelstelle. Bitte Gott, dir zu helfen, auf ihn zu hören, und wenn du fertig gelesen hast, bleib still sitzen.
- Such dir eine Tageszeit aus, wo du so lange wie nötig sitzen bleiben kannst. So kannst du wirklich in ihm bleiben und zulassen, dass er dich eine Weile festhält. Geben wir es zu: Wir alle haben das Bedürfnis, ein kleines Mädchen in den starken Armen von Papa zu sein. Und das ist dein Zeitpunkt, wieder klein zu sein und zu wissen, dass er dich hält.

Diese Übung wird immer leichter, je öfter du sie durchführst. Sie hilft, den Stress in deinem Leben abzubauen, was unweigerlich auch deinen angespannten Gesichtsausdruck entkrampft!

Eines der ersten Kapitel der Bibel, die mein Gottesbild veränderten, war Psalm 139. Nimm dir die Zeit, diesen Psalm zu lesen (und wenn du ihn schon tausend Mal gelesen hast, dann lies ihn noch einmal) und versuche dieses Mal, längere Zeit still über ihn nachzusinnen.

Geh an einen ruhigen Ort, wo du nicht abgelenkt wirst, und hör auf das, was Gott dir sagt.

Psalm 139

Ein Psalm Davids

Herr, du hast mein Herz geprüft
und weißt alles über mich.
Wenn ich sitze oder wenn ich aufstehe,
du weißt es.
Du kennst alle meine Gedanken.
Wenn ich gehe oder wenn ich ausruhe, du siehst es
und bist mit allem, was ich tue, vertraut.
Und du, Herr, weißt, was ich sagen möchte,
noch bevor ich es ausspreche.
Du bist vor mir und hinter mir
und legst deine schützende Hand auf mich.
Dieses Wissen ist zu wunderbar für mich,
zu groß, als dass ich es begreifen könnte!

Wohin sollte ich fliehen vor deinem Geist,
und wo könnte ich deiner Gegenwart entrinnen?
Flöge ich hinauf in den Himmel, so bist du da;
stiege ich hinab ins Totenreich, so bist du auch da.
Nähme ich die Flügel der Morgenröte
oder wohnte am äußersten Meer,
würde deine Hand mich auch dort führen
und dein starker Arm mich halten.
Bäte ich die Finsternis, mich zu verbergen,
und das Licht um mich her, Nacht zu werden –
könnte ich mich dennoch nicht vor dir verstecken;

denn die Nacht leuchtet so hell wie der Tag
und die Finsternis wie das Licht.
Du hast alles in mir geschaffen
und hast mich im Leib meiner Mutter geformt.
Ich danke dir, dass du mich so herrlich
und ausgezeichnet gemacht hast!
Wunderbar sind deine Werke, das weiß ich wohl.
Du hast zugesehen, wie ich im Verborgenen gestaltet wurde,
wie ich gebildet wurde im Dunkel des Mutterleibes.
Du hast mich gesehen, bevor ich geboren war.
Jeder Tag meines Lebens war in deinem Buch geschrieben.
Jeder Augenblick stand fest, noch bevor der erste Tag begann.
Wie kostbar sind deine Gedanken über mich, Gott!
Es sind unendlich viele.
Wollte ich sie zählen, so sind sie zahlreicher als der Sand!
Und wenn ich am Morgen erwache,
bin ich immer noch bei dir!

Gott, wenn du doch nur die Gottlosen vernichten wolltest!
Fort mit euch aus meinem Leben, ihr Mörder!
Sie verhöhnen dich
und lehnen sich gegen dich auf.
Sollte ich die nicht hassen, Herr, die dich hassen,
und sollte ich die nicht verachten, die sich dir widersetzen?
Ja, ich hasse sie von ganzem Herzen,
denn deine Feinde sind auch meine Feinde.
Erforsche mich, Gott, und erkenne mein Herz,
prüfe mich und erkenne meine Gedanken.
Zeige mir, wenn ich auf falschen Wegen gehe
und führe mich den Weg zum ewigen Leben.

Psalm 139 hat mir geholfen, zu erkennen, dass dieses dicke, »langweilige« und »uralte« Buch in Wirklichkeit interessant ist. Und ich war erstaunt, welchen Bezug es zu meinem Leben hat! Wenn ich mich am Wochenende einsam fühlte, nachdem ich beschlossen hatte, nicht mehr mit den »Freunden« auszugehen, die mich nach unten zogen, erinnerte mich Gott: »Jenna, wohin kannst du gehen, wo ich nicht bin?« Jedes Mal, wenn ich vor dem Spiegel stand und mich hässlich fand – und ich weiß, dass du mich verstehst, wenn ich sage, dass Mädchen »hässliche Tage« haben – dann las ich die Verse 13 und 14 dieses Psalms, um mich daran zu erinnern, dass Gott mich wunderbar geschaffen hat und dass ich herrlich und ausgezeichnet gemacht bin.

Langsam wurde die Bibel lebendig für mich. Ich fand Verse, die neu definierten, wie ich mich selbst sah. Anstatt zu denken, dass ich mit den Problemen, denen ich gegenüberstand, nicht fertig werden würde, empfand ich neue Kraft, wenn ich Verse wie diesen las: »Ihr aber gehört zu Gott, meine Kinder. Ihr habt euren Kampf gegen diese falschen Propheten [gegen diese Probleme] bereits gewonnen, weil der Geist, der in euch lebt, größer ist als der Geist, der die Welt regiert [der Teufel]« (1. Johannes 4,4).

Einmal war ich noch spätabends mit meinem Freund zusammen. Das Licht war aus und er begann, mich zu küssen. Ich erinnere mich, dass ich weitermachen wollte, aber dann hörte ich die Worte aus Römer 12,1; L in meinem Kopf: »Ich ermahne euch nun …, dass ihr eure Leiber hingebt als ein Opfer, das lebendig, heilig und Gott wohlgefällig ist.« Obwohl es mir damals peinlich war (und glaub mir, es fiel mir nicht leicht), zog ich mich sofort zurück und sagte, ich könne nicht mehr weiterknutschen. Ich weiß, dass er dachte, ich sei verrückt, aber in diesem Augenblick wurden meine Maßstäbe hinsichtlich Jungs neu definiert.

Danach suchte ich nach Jungs, denen mehr daran lag, mich zu ermutigen, ein gottgefälliges Leben zu führen, als mich zu drängen, so auszusehen oder zu handeln, wie es ihnen gefiel. Bedeutet das, dass ich mich danach auf Jungs bezogen immer perfekt verhalten habe? Nein! Aber es zeigt, dass in schwierigen Augenblicken – in einem dunklen Zimmer mit einem Jungen, in einer Gruppe tratschender Mädchen, in einer Clique, in der ein Joint herumgereicht wird, sogar in deinem eigenen Zimmer, wenn du versuchst, dir selbst Schaden zuzufügen – Gott da ist und dir den Anstoß gibt, die richtige Entscheidung zu treffen. Ihm liegt viel an uns! Alles, was wir tun müssen, ist, auf ihn zu hören. Und je mehr ich auf meinen himmlischen Vater höre, umso mehr verändern sich meine Sicht der Dinge, meine

Maßstäbe und meine Entscheidungen. Er hat mein Herz schöner als je zuvor gemacht!

Ich erinnere mich, dass ich eines Abends schluchzend im Bett lag, nachdem ich eine furchtbare Nachricht erhalten hatte. Meine Tante Jana, eine junge Mutter von drei kleinen Kindern, war plötzlich an einem Schlaganfall gestorben. Ich ertrank fast in einem Meer aus Traurigkeit und flehte zu Gott um Trost. Er schenkte mir einen Psalm der Ermutigung nach dem anderen. »Der Herr ist allen nahe, die verzweifelt sind« (Psalm 34,19) hat sich in dieser Nacht bewahrheitet. In solchen Augenblicken weiß ich, dass die Bibel etwas bewirkt. In solchen Augenblicken erkenne ich, dass Gott wirklich mein Vater ist, der zu mir spricht und mir Ratschläge gibt. Und in solchen Augenblicken erlebe ich, worum es in einer Beziehung mit Gott geht.

Beim Lesen von Gottes Wort lernen wir, was für ein Vater er ist und wie wir als seine Töchter leben können. Gott spricht zu uns durch sein Wort. Aber vergiss nicht: Genauso wichtig ist es, dass auch wir mit ihm sprechen.

SMS an Gott

Wie viele SMS schreibst du deiner besten Freundin am Tag? Wie lange telefonierst du mit deinen Freundinnen oder mit deinem Freund? Wie viele Briefchen gibst du in der Schule weiter? Oder wie oft hältst du mit deinen Kolleginnen und Kollegen ein Schwätzchen? Wir bleiben gerne mit unseren Freunden in Verbindung, aber aus irgendeinem Grund finden wir es schwierig, mit Gott in Verbindung zu bleiben, der immer ein offenes Ohr für uns hat und immer für uns da ist!

Gott möchte, dass wir mit ihm über dieselben Dinge sprechen wie mit unseren Freundinnen. Er will etwas über die Freundin hören, die uns den Rücken gekehrt hat, die Klassenarbeit, die uns stresst, den Jungen, in den wir verknallt sind. Ihm ist wichtig, was uns wichtig ist! Er sagt: »Überlasst all eure Sorgen Gott, denn er sorgt sich um alles, was euch betrifft« (1. Petrus 5,7).

Gott erhört Gebete. Er möchte ein Teil unseres Lebens sein. Wie ein guter Vater möchte er eine Beziehung zu seiner Tochter haben. Wirst du also deinen Beziehungsstatus ändern? Vielleicht mühst du dich ab, weil du ein Doppelleben führst, wie ich es getan habe – einen Fuß in der Welt und einen Fuß in der Beziehung mit Gott. Vielleicht willst du nichts mit ihm zu tun haben, in dieser Lage war ich auch schon. Vielleicht findest du deine Beziehung zu ihm langweilig. Egal, was du in der Statustabelle ankreuzt, nimm dir einen Augenblick Zeit und bete über deine Beziehung zu ihm. Er will dir mehr sein als Kirche, mehr als ein schöner Tag, mehr als ein Freund. Er will dein Vater sein.

Anmerkung von Max Lucado

Als Jenna zwei Jahre alt war, verlor ich sie einmal in einem Kaufhaus. Eben stand sie noch neben mir, und ein paar Sekunden später war sie weg. Ich geriet in Panik. Plötzlich ging es nur noch um eins – ich musste meine Tochter finden. Die Einkäufe waren vergessen. Die Einkaufsliste war unwichtig. Ich brüllte ihren Namen. Was die Leute dachten, interessierte mich nicht. Ein paar Minuten lang konzentrierte ich mich mit ganzer Kraft auf ein einziges Ziel: mein verlorenes Kind zu finden. (Übrigens habe ich sie wiedergefunden. Sie hatte sich hinter den Mänteln versteckt!)

Für die Rettung eines Kindes ist einem Vater oder einer Mutter kein Preis zu hoch, keine Mühe zu zeitraubend, keine Anstrengung zu beschwerlich. Eltern tun alles, um ihr Kind zu finden.

So handelt auch Gott.

Merken Sie sich: Nicht der Sternenhimmel und nicht die atemberaubenden Felsschluchten sind Gottes größte Schöpfung, sondern sein ewiger Plan, zu seinen Kindern zu gelangen. Der Gott, der hinter uns herläuft, ist derselbe, der den Wechsel der Jahreszeiten und die Umlaufbahnen der Planeten in ihrer Großartigkeit entstehen ließ.[1]

Brauchst du mehr Selbstvertrauen? Hast du das Gefühl der Unsicherheit satt? Schreib hier eine Mitteilung an Gott, so als ob du ihm eine SMS schicken würdest. Sprich zu ihm, wie du mit deiner besten Freundin sprechen würdest.

Nachdem du Gott einige deiner Unsicherheiten bekannt hast, ist es an der Zeit, darüber zu sprechen, wie schön er dich findet!

Kapitel acht

Du bist wertvoll

»Ach Mann! Müssen wir schon wieder nach Fredericksburg?« Meinen Schwestern und mir graute vor den Samstagvormittagen, an denen meine Eltern ankündigten, dass wir das Auto für einen Tag in Fredericksburg packen müssten. Dieses hübsche, malerische, in die Hügellandschaft von Texas eingebettete Provinzstädtchen ist im Sommer wegen seiner Pfirsiche und im Winter wegen seiner Weihnachtsbeleuchtung berühmt. Fredericksburg ist zweifellos ein Bilderbuchstädtchen, doch aus unserem Stöhnen und Ächzen hätte man schließen können, dass unsere Mutter uns zum Zahnarzt bringen wollte. Was machte Fredericksburg für uns vier-, sieben- und neunjährige Mädchen so unerträglich? Antiquitäten! Die Gleichung war einfach: Antiquitäten + Mama = ein sehr langer, sehr langweiliger Samstag.

Unser Vater versuchte sein Möglichstes, die Reise für uns kurzweilig zu gestalten. Aber wir konnten in einem Geschäft nur so lange Verstecken spielen, bis wir von den Verkäufern geschnappt wurden, nur so viele Kaugummiblasen-Wettkämpfe austragen, bis die Kaugummis zu hart waren, und nur so lange »Vier gewinnt« spielen, bis uns keine neuen Strategien mehr einfielen. Wir hatten den Eindruck, dass unsere Mutter Tage in diesen Antiquitätenläden verbrachte!

Damals konnte ich mir keinem Reim darauf machen, warum jemand solch alten Ramsch kaufen wollte. Warum war ein Bett aus dem Jahr 1800 teurer als ein Bett, das heute hergestellt wurde? War das nicht rückständig? Wer wollte schließlich in einem Bett schlafen, in dem schon werweißwieviele müffelnde Typen genächtigt haben?

Ich konnte den Wert von Antiquitäten nicht erkennen.

Hältst du dich für wertvoll?

Wir alle haben schon Menschen getroffen, die unseren Wert nicht erkannten. Andere Mädchen haben über uns geklatscht oder über unsere Kleidung gelacht. Jungen haben sich über unsere Frisur oder unsere Ungeschicklichkeit beim Sport lustig gemacht. Schlimmer noch, manche von uns haben nicht einmal Familienangehörige, die sie ermutigt haben, die sie schön genannt oder die ihnen gesagt haben: »Ich liebe dich.« Doch bevor wir zulassen, dass andere Menschen unseren Wert bestimmen, sollten wir den Wert erkennen, den Gott uns beimisst, und uns selbst dementsprechend behandeln. Wenn wir das verstanden haben, haben wir einen großen Schritt bei der neuen Definition von »schön« gemacht.

Es war mir völlig schnuppe, wenn unsere Mutter eine teure Antiquität kaufte. Ich erinnere mich, dass ich im Alter von sechs Jahren mit einem Filzstift zweifellos Kunstwerke auf mein Bett malte, ohne jede Rücksicht auf den Wert des Bettes. Für mich war es kein wertvolles Möbelstück, sondern eine Leinwand für meinen Filzstift. Oft ging ich auch an die Kosmetikartikel meiner Mutter, und es war mir egal, wenn ich den Lippenstift abbrach oder das ganze Waschbecken mit Wimperntusche beschmierte. Wenn wir den Wert einer Sache nicht erkennen, behandeln wir sie nicht pfleglich. Aber bedeutet das, dass der Gegenstand deswegen weniger wertvoll ist? Nein!

Manchmal erkennen wir den Wert einer Sache nicht, bis jemand, dem wir vertrauen, uns sagt, wie wertvoll sie ist.

Welche Kostbarkeiten hast du schon wie Abfall behandelt, weil du ihren Wert nicht erkannt hattest?

Schönheitstipp

Erkenne deinen Wert

> Obwohl es schwierig sein kann, zu glauben, dass wir wertvoll sind, ist dies eines der wichtigsten Dinge, die wir für unsere körperliche und psychische Gesundheit tun können.
> Wenn ich irgendetwas über gutes Aussehen gelernt habe, dann, dass es nicht hilft, wenn man sich selbst Schaden zufügt. Man fühlt sich hinterher nur schlechter, wenn man sich zum Beispiel die Haut ritzt, erbricht, Abführmittel einnimmt oder irgendetwas anderes Schädliches unternimmt, was Mädchen tun.
> Wenn du dich selbst verletzt oder versucht bist, dich zu verletzen, dann hör bitte sofort auf damit und bemüh dich unverzüglich um Hilfe. Bitte Gott um Kraft und such dir einen vertrauenswürdigen Erwachsenen, mit dem du darüber sprechen kannst.

In dem Buch *Lies Women Believe* (deutsch: *Lügen, die wir Frauen glauben … und die Wahrheit, die uns frei macht*) schreibt Nancy DeMoss, dass wir manchmal unseren Wert erst erkennen würden, wenn wir von unserem Schöpfer hörten, wie wertvoll wir seien:

Jemand, der nichts von Kunst versteht oder Kunst nicht zu schätzen weiß, würde ein Meisterwerk in den Abfall werfen. Wäre das Gemälde dadurch weniger wertvoll? Keineswegs. Der wahre Wert des Kunstwerks würde erkannt, wenn ein Kunstsammler das Gemälde ausfindig machen und sagen würde: »Das ist ein unschätzbares Stück, und ich bin bereit, jeden Betrag zu zahlen, um es zu erwerben.«[1]

DeMoss fährt fort: »Als Gott seinen einzigen Sohn, Jesus, auf die Erde sandte, ... verkündete er, dass der Wert unserer Seele größer ist als der Wert der ganzen Welt.«[2] Hast du das gelesen?! Wir haben einen Gott, der uns wertvoll nennt! Wie beeinflusst das unsere Einstellung zu uns selbst? Wie *sollte* es unsere Einstellung zu uns selbst beeinflussen? Nun, sobald wir an das *glauben,* was Gott sagt, beginnen wir, uns wie etwas Wertvolles zu behandeln.

Wir beginnen, bessere Entscheidungen zu treffen.

Wir gehen mit Jungs aus, die uns mit Achtung begegnen.

Wir suchen Hilfe, wenn wir uns selbst Schaden zufügen oder uns hassen.

Wir treffen uns mit Freundinnen, die uns ermutigen.

Und wir werden zu strahlenden Schönheiten, weil wir selbstbewusst an unseren Wert glauben.

Wir behandeln uns als Meisterwerk, das von dem Schöpfer alles Schönen in Handarbeit geschaffen und sorgfältig ausgewählt wurde.

Anmerkung von Max Lucado

Hören Sie gut zu: Die Liebe Jesu zu uns hängt nicht davon ab, was wir für ihn tun können. In den Augen des Königs haben Sie einen Wert, weil – es Sie gibt. Sie brauchen nicht gut auszusehen oder genug zu leisten. Ihr Wert ist angeboren. Punkt.

Denken Sie einen Augenblick darüber nach. Sie sind wertvoll, weil es Sie gibt. Nicht, weil Sie das und das tun oder getan haben, sondern einfach, weil Sie da sind. Merken Sie sich das [...]. Das nächste Mal, wenn Sie jemand billig machen will, denken Sie einfach daran, wie wertvoll Sie Jesus sind, und lächeln Sie.[3]

Wenn wir uns selbst so sehen, wie Gott uns sieht, ist es leichter, uns als schön zu betrachten. Hier sind drei wichtige Bereiche, in denen dies Auswirkungen auf dein Leben hat:

- Äußere Erscheinung
- Selbstachtung
- Erwartungen

Deine äußere Erscheinung wird sich ändern

Während meiner Oberstufenzeit fiel es mir sehr schwer, meinen Wert zu erkennen. Ich wollte meine Freundinnen und natürlich die Jungs beeindrucken. In den schlimmsten Auseinandersetzungen mit meiner Mutter ging es nicht um meine Noten, mein Verhalten oder die Sauberkeit (bzw. die mangelnde Sauberkeit) meines Zimmers. Unser persönlicher dritter Weltkrieg betraf Badeanzüge.

Meine Mutter wollte, dass ich dieses bedeckte und jenes verbarg, was ich dagegen zeigen und stolz zur Schau stellen wollte. Ich verstand nicht, warum ich die Einzige unter meinen Freundinnen sein sollte, die keinen Bikini tragen durfte. Alle meine Freundinnen sagten, ich sollte mir einen zulegen. Ich wusste, dass die Jungs auf Bikinis standen, und in den Zeitschriften las ich, ich müsse einen haben, um *in* zu sein. Jedes Mal, wenn wir einen Badeanzug kaufen wollten, verließ ich das Geschäft unter Tränen und meine Mutter verdrehte genervt die Augen.

»Jenna, du verstehst nicht, wie Jungs denken«, sagte sie immer. Ich konterte jedes Mal: »Mama, du bist kein Junge! Wie kannst du wissen, was Jungs denken?« Vielleicht hast du auch schon einmal auf diese Strategie zurückgegriffen. Oder vielleicht lautete deine Antwort: »Mama, ich kaufe den Bikini nicht, um den Jungs den Kopf zu verdrehen. Er ist einfach süß! Es ist doch nicht meine Schuld, wenn sie mich anschauen!«

Um ehrlich zu sein, war meine Mutter die Einzige, die in dieser Situation meinen Wert erkannte. Ich konnte ihn nicht sehen, meine Freundinnen konnten ihn nicht sehen, die Jungs konnten ihn nicht sehen und die Zeitschriften natürlich auch nicht. Sie war die Einzige, die verstand, dass der Körper, den Gott mir gegeben hat, wertvoll ist – etwas, das wert geachtet werden muss und nicht einfach zur Schau gestellt werden soll.

Wenn wir davon überzeugt sind, dass unser Körper wertvoll ist und von Gottes Hand geschaffen wurde, dann behandeln wir ihn pfleglich. Wir behandeln ihn so, wie Gott es will. Wir kleiden uns so, wie Gott es will. Und wie will er, dass wir uns kleiden?

Lies mal den Modetipp in 1. Timotheus 2,9-10: »Und ich möchte, dass die Frauen in ihrer Erscheinung Zurückhaltung üben, indem sie sich anständig kleiden und nicht durch ihre Frisur oder durch Gold, Perlen oder kostbare Kleider die Aufmerksamkeit auf sich lenken. Denn Frauen, die Gott ehren wollen, sollen dadurch anziehend wirken, dass sie Gutes tun.«

Bitte versteh die Bibel nicht falsch und denke, Gott verlange, dass wir das ganze Jahr über Rollkragenpullover tragen. Erstens wäre das in der Sommerhitze lächerlich. Zweitens, und das ist noch wichtiger, können wir uns anständig und gleichzeitig hübsch und geschmackvoll anziehen. Gott fordert nicht, dass wir uns in ein Laken hüllen und auf Einkaufsbummel verzichten. Er möchte nur, dass wir uns anständig kleiden und unseren Brüdern helfen, indem wir ihre Aufmerksamkeit nicht auf bestimmte Bereiche unseres Körpers lenken. Wenn wir viel Busen zeigen oder hautenge Kleidung tragen, unter der sich alle Kurven abzeichnen, wandern die Gedanken der Jungs an Orte, an denen sie nichts zu suchen haben, und das hilft ihnen nicht, uns mit der Achtung zu begegnen, die wir verdienen. Wenn wir uns so kleiden, dass unser himmlischer Vater geehrt wird, ziehen wir Jungs mit Charakter an – Jungs, denen unser Herz wichtiger ist als unser Körper.

Überleg dir mal Folgendes: Wie würdest du einer älteren Dame begegnen, die aus einem nagelneuen Mercedes steigt und ein perfekt sitzendes schwarzes Kostüm trägt? Wahrscheinlich würdest du respektvoll und in einem ruhigen Tonfall mit ihr sprechen. Doch nehmen wir an, du bist am Strand und dieselbe Frau trägt Shorts und ein T-Shirt und spielt mit ihrem Hund Frisbee. Du würdest weniger formell mit ihr umgehen. Deine Ausdrucksweise wäre salopper. Ihre äußere Erscheinung würde deinen Umgangston mit ihr bestimmen.

Unsere Kleidung sagt viel darüber aus, wie wir behandelt werden wollen. Sieht ein Junge, dass sich ein Mädchen aufreizend kleidet, dann denkt er vermutlich, dass sie leicht zu haben ist, und behandelt sie eventuell mit weniger Achtung. Wenn wir darauf achten, dass der Intimbereich intim bleibt, halten uns die Jungs für geheimnisvoll. Sie kommen dann nicht so leicht auf die Idee, uns auszunutzen.

Schönheitstipp

Anständig ist super

Hier einige Tipps, wie man sich anständig und gleichzeitig trendig kleiden kann:

- Kauf dir ein paar hübsche bunte Jäckchen, die du über Tops tragen kannst, die etwas zu eng sind.
- Kauf Unterhemden und Tops mit Spaghettiträgern. Zurzeit ist es in, sich nach dem Zwiebelprinzip, das heißt in mehreren Schichten, zu kleiden. Also trag ein Spaghettiträger-Top unter einer tief ausgeschnittenen Bluse.
- Hab immer ein paar Strumpfhosen in allen Mustern und Farben in Reserve und trag sie unter Röcken oder auch Shorts, die du oder deine Mutter für etwas zu kurz halten. Doch bei all den Möglichkeiten, die es gibt, solltest du dir überlegen, ob du dir wirklich so kurze Röcke oder Shorts zulegen willst, in denen du dich sowieso die ganze Zeit unbehaglich fühlst.

Dein Selbstwertgefühl wird sich ändern

Meine jüngere Schwester Andrea schreitet mit ihrer Größe von 1,77 Metern anmutig daher. Sie hat herrlich volle, glänzende, rotblonde Haare – selbst Nicole Kidman würde vor Neid erblassen. Neckische Sommersprossen zieren Andreas Wangenknochen und ihre Nase. Vor ein paar Monaten zog sie nach Oxford in England, um ihren Master in englischer Literatur zu machen. Sie ist richtig cool. Ich habe immer ihr Selbstvertrauen und ihre Bereitschaft bewundert, gewohnte Pfade zu verlassen und Neues zu riskieren. Doch wenn Andrea jetzt neben uns säße, würde sie schnell einwerfen, dass sie nicht immer so selbstbewusst war. Auch sie hat mit dem Problem des Selbstwertgefühls gekämpft, wie die meisten von uns.

Ich erinnere mich, dass Andrea einmal, als wir in der Mittelstufe waren, im Auto unseres Vaters auf dem Weg zur Schule zu weinen anfing. Verblüfft fragten Papa und ich, warum sie so aufgewühlt sei. Ich überlegte, was sie für ein Problem haben könnte: vergessene Hausaufgaben, eine Klassenarbeit, auf die sie sich nicht vorbereitet hatte, eine Freundin, die sie verletzt hatte. Schließlich gelang es ihr unter Schluchzen, den Grund für ihren Kummer hervorzustoßen: »Ich habe meinen Gesichtspuder vergessen!«

Zu jener Zeit hasste Andrea ihre Sommersprossen und sie hasste ihre rosigen Wangen. Deshalb versuchte sie jeden Morgen, ihr »verunstaltetes« Gesicht mit Schichten von Puder zu überdecken. Damit sie mit dem Weinen aufhörte, erklärte ich ihr, dass Weinen ihr Gesicht noch röter machte. Doch mein nicht sehr einfühlsamer Achtklässler-Rat wurde zu Recht zurückgewiesen: »Du weißt nicht, was es heißt, rot zu sein, Jenna!« (Andrea musste immer alles dramatisieren. Aber pst, verrat ihr nicht, dass ich es dir erzählt habe!)

Außer dass sie ihr Gesicht hasste, konnte Andrea lange ihre Größe nicht annehmen. Sie war größer als viele Jungs in unserer Schule. Nach passenden Schuhen für festliche Anlässe musste sie immer ewig suchen. Und jedes Mal, wenn wir Jeans kaufen wollten, kam Andrea missmutig nach Hause, weil die Hosenbeine nie lang genug waren.

Irgendwann in der 10. Klasse wurde dann bei Andrea ein Schalter umgelegt. Die Verwandlung geschah nicht über Nacht, aber zweifellos erlebte sie eine allmähliche Veränderung ihres Herzens.

Sie begann, sich weniger Gedanken über ihr Make-up, ihre Größe und sogar ihre »Freundinnen«, die sie nicht akzeptierten, zu machen. Sie war insgesamt entspannter und die Probleme, die sie früher für lebensbedrohlich gehalten hatte, wurden zu Entwicklungschancen. Ich erinnere mich, dass ich eines Abends in ihr Zimmer kam und sah, wie sie im Licht der Nachttischlampe in der Bibel las. Ich sagte ihr, dass ich eine Veränderung an ihr bemerkt hatte, und sie stimmte mir zu. Sie erzählte mir, dass die »Stille Zeit« mit Gott ihr geholfen habe.

Andrea hatte begonnen, sich so zu sehen, wie Gott sie sieht, und alles an ihr veränderte sich. Sie nahm ihre Größe an und ging hoch erhobenen Hauptes; sie akzeptierte ihre Sommersprossen und ihre rosigen Wangen. Wenn wir Gott als unseren Vater betrachten und wirklich glauben, dass wir zu ihm gehören, erreicht unser Selbstwertgefühl ungeahnte Höhen. Wenn wir mit Gott Zeit verbringen, übertönt seine Stimme der Wahrheit die Lügen der Welt, weil er uns versichert: »Du bist mein! Und du bist schön!«

Nimm dir jetzt etwas Zeit und schildere Gott all deine Unsicherheiten. Er will von deiner unreinen Haut hören. Er möchte, dass du ihm von deinem krausen Haar, deinem Gefühl der Unzulänglichkeit und deiner Einstufung als Ersatzspielerin in die zweite Mannschaft erzählst. Übergib ihm all deine Unsicherheiten und übernimm deine wahre Identität als schöne Tochter des Königs aller Könige. Glaub mir, du wirst toll aussehen!

Schönheitstipp

Zufriedenheit damit, wie Gott dich geschaffen hat

Wenn du dich mit jeder anderen Frau, die du siehst, vergleichst, wirst du nie damit zufrieden sein, wie du bist. Es wird immer Frauen geben, die hübscher oder klüger sind oder die erfolgreicher zu sein scheinen. Ich bin ziemlich sicher, dass ich nicht das einzige Mädchen auf der Welt bin, das beim Durchblättern einer Zeitschrift gedacht hat: Wow! So wie die möchte ich aussehen. Deshalb solltest du jedes Mal, wenn du das Bedürfnis verspürst, dich mit jemandem zu vergleichen, alles aufzahlen, wofür du in deinem Leben dankbar bist. Bitte Gott, dir zu helfen, das zu tun, wovon Paulus in Philipper 4,11 spricht: »Ich habe gelernt, mit dem zufrieden zu sein, was ich habe.« Gott hat seinen Grund gehabt, weshalb er dich so geschaffen hat, wie du bist: Deshalb lerne, dich selbst zu lieben!

Deine Erwartungen werden sich ändern

Neulich, als ich mit meiner weisen Mentorin sprach, stellte ich ihr eine Frage über ihre Kindheit. Da sie so sanfte Augen und ein so liebevolles Herz hat, hätte ich nie gedacht, dass ihr Vater Alkoholiker war. Sie erzählte mir, wie sie und ihre Geschwister sich in den Nächten fürchteten, in denen er betrunken nach Hause kam. Auch wenn er ihr selbst nichts tat, hörte sie Nacht für Nacht die Schreie ihrer hilflosen Mutter. Immer wenn ihr Vater auswärts arbeiten musste, hallte buchstäblich ein Seufzer der Erleichterung durchs Haus. Zur Feier des Tages backte ihre Mutter Brot. Mit nostalgischem Lächeln erinnerte sich meine Mentorin an den Geruch, der sie empfing, wenn sie nach der Schule nach Hause kam. »Wir wussten, dass Papa weg war, wenn es nach frischem Brot duftete.« Bis zu diesem Tag erfüllt dieser Duft ihr Herz mit Frieden.

Da sie erlebt hatte, wie ihre Mutter in der Ehe misshandelt wurde, erwartete sie auch Misshandlungen in ihrer eigenen Ehe. Bevor sie ihr Jawort gab, plante sie, wie sie reagieren wollte, wenn ihr Mann sie das erste Mal schlagen würde. Ihre Erwartungen an die Ehe waren so gering, weil das Vorbild der Ehe ihrer Eltern so düster war. Nie hatte jemand meiner Mentorin gesagt, wie wertvoll sie war, was in ihr steckte oder wie sie behandelt werden sollte. Niemand hatte ihr gezeigt, was wahre Liebe ist. Niemand hatte ihr gesagt, dass sie das Beste verdiente, also erwartete sie das Schlimmste. Tragischerweise führte ihr mangelndes Selbstwertgefühl zu einer schwierigen Ehe, die in einer Scheidung endete.

Sie berichtete mir, dass sie erst mit etwa fünfzig Jahren ihren Wert in Gottes Augen verstehen konnte. Jetzt lebt sie mit hoffnungsfrohen Erwartungen und gibt sich nicht mit weniger als dem Besten zufrieden, das Gott für sie vorgesehen hat. Sie hat sogar die Liebe ihres Lebens gefunden – einen Mann, der sie wie eine Prinzessin behandelt.

Wenn man negative Erfahrungen oder Einflüsse erlebt hat, ist es leicht, sich mit weniger als dem Besten, das Gott vorgesehen hat, zufriedenzugeben. Nimm dir die Zeit, einige der geringen Erwartungen aufzuschreiben, die du hast. Das kann alles Mögliche sein: kein Studium beginnen, weil du erwartest, zu versagen; mit dem falschen Jungen ausgehen, weil du nicht glaubst, dass der richtige Junge dich lieben kann, oder auch dich nicht an deiner Traumhochschule bewerben, weil du Angst vor einer Absage hast.

Gott will nicht, dass wir uns mit so wenig zufriedengeben. Er möchte, dass seine Töchter höher hinauswollen, als sie sich träumen lassen! Er will uns an Orte bringen, an denen wir noch niemals waren. Er will für uns träumen. Lässt du ihm freie Hand? Setz dir keine eigenen Ziele. Lass Gott die Ziele für dich setzen! Hör, was er über das Leben sagt, das er seinen Töchtern verspricht, wenn sie nach seinen Maßstäben leben.

> *Denn alles ist mir möglich durch Christus, der mir die Kraft gibt, die ich brauche (Philipper 4,13).*

> *Du aber sei mutig... Diene dem Herrn, deinem Gott, und bleib auf seinen Wegen. ... dann wirst du Erfolg haben mit allem, was du tust, und wo du dich auch hinwendest (1. Könige 2,2-3).*

> *Hört genau zu ... und gehorcht! Dann wird es euch gut gehen ... in dem Land, in dem Milch und Honig überfließen, wie der Herr, der Gott eurer Väter, es euch versprochen hat (5. Mose 6,3).*

Wenn du dich selbst als Gottes Tochter betrachtest, definiert er deine Erwartungen, dein Selbstwertgefühl und sogar deine äußere Erscheinung neu.

Kapitel neun

Hallo, ich heiße ...

Wir alle haben Namen und Spitznamen, mit denen die Leute uns rufen, um unsere Aufmerksamkeit zu wecken. Doch wir haben auch andere Namen – Namen für uns selbst, die nur wir kennen, Namen, die nur wir benutzen. Wenn du zu einer Party kämst und gebeten würdest, ein Namensschild zu beschriften, auf dem steht: »Hallo, ich heiße …«, welchen Namen würdest du eintragen?

Ich spreche jetzt nicht über den Namen, den deine Eltern dir gegeben haben. Doch geben wir es zu – manchmal sind wir selbst unsere schlimmsten Feinde.

Manchmal geben wir uns schreckliche Namen! Ich betitele mich selbst sehr oft mit »Idiotin!«. Jedes Mal, wenn ich einen Fehler mache, denke ich: *Idiotin! Warum hast du das getan?* Eine Zeit lang nannte ich mich »Dicky«.

Zuweilen habe ich mir wirklich selbst Namen gegeben, die auch andere mir gaben, oder Namen, von denen ich *dachte*, dass andere sie mir gaben. Wenn ich zu einer Party nicht eingeladen wurde, wurde ich zur »Außenseiterin«. Und wenn ich nicht zur Vorsitzenden des Schülerrats gewählt wurde, änderte sich mein Name in »Versagerin«.

Denk eine Weile über die Namen nach, die du dir selbst gibst, und über diejenigen, die dir andere Menschen gegeben haben und mit denen du dich vielleicht unbewusst selbst definiert hast. Fülle die Leerstellen aus:

»Hallo, ich heiße . . . . «

»Hallo, ich heiße . . . . «

»Hallo, ich heiße . . . . «

»Hallo, ich heiße . . . . «

Beängstigend ist, dass wir so werden können, wie wir oder andere Menschen uns nennen, insbesondere die Menschen zu Hause. Wenn wir nicht »Schön«, »Klug« und »Nett« genannt werden, wird unser Selbstwertgefühl also geringer. Auch wenn wir Eltern haben, die uns zärtliche Namen geben, brauchen wir manchmal mehr. Es gibt Zeiten, wo die Worte von Menschen nicht genügen, wo diese Worte nicht das sind, was wir brauchen, oder wo wir uns trotz dieser Worte nicht wohler in unserer Haut fühlen. Deshalb ist es so wichtig, ständig die Namen auf den Schildern zu lesen, die Gott für uns hat. *Gott hat ein Namensschild für mich?* Klar doch!

Mal angenommen, Gott ist Gastgeber bei einer großen Party und du stehst auf der Gästeliste. Stell dir vor, welche Art Party Gott veranstalten könnte. Was steht auf der Speisekarte? Oder was steht *nicht* auf der Speisekarte? Schließlich hast du auf *dieser* Party deinen eigenen Chefkoch. Willst du drei Gänge Makkaroni mit Käse? Kein Problem! Kommt sofort! Aber wenn dir diese gelben Nudeln zu langweilig sind, warum probierst du dann nicht den *salade d'endivies aux noix et Roquefort* als Vorspeise, danach ein *soufflé au Fromage Raie aux câpres et Pommes vapeur* und zum Schluss eine *Brioche*? (Wow, ich habe keine Ahnung, was ich da geschrieben habe. Aber wenn du gerne vornehm isst, habe ich vielleicht deine Sprache gesprochen!)

Und da der Nachtisch das Beste bei einer jeden Mahlzeit ist, hat Gott beschlossen, sich für den letzten Gang etwas Besonderes einfallen zu lassen. Er stellt Charlie und die Schokoladenfabrik in den Schatten. Hier ist ein Wunderland für Naschkatzen. Es gibt einen Raum mit einem Schokoladespielplatz, wo die Gäste auf einer Schokoladerutschbahn herunterrutschen können, mit der Zunge voran!

Nebenan gibt es Pyramiden aus Keksen und einen Milchbrunnen, der die Milch höher in die Luft steigen lässt als das Wasser bei der Wassershow im Bellagio Hotel in Las Vegas. Magst du Eis? Dann zieh einen Anorak an und betritt den Eiscreme-Skulpturen-Raum, wo du von Eiscreme-Skulpturen in Lebensgröße umgeben bist. Nimm dir eine Kugel Schokoeis mit Marshmellows, aus dem eine Giraffe geformt wurde, leck am Vanilleeis in Form eines Schwans oder setz dich in einen Schlitten aus Pfefferminzeis mit Schokostückchen.

Nach dem Essen ist es Zeit zum Spielen. Spielst du gerne in der Sonne? Dann geh in den Sommerspaß-Raum. Dort findest du Seen in der Größe von Texas, Strände für die, die Sand lieber mögen, Themenparks, Fahrräder, Boote, Kanus und Surfbretter. Aber wenn der Sommer nicht deine Lieblingsjahreszeit ist, dann hast du die Wahl zwischen drei weiteren Räumen: Herbstsegen, Winterwunder und Frühlingszauber.

Du hat Recht, ich amüsiere mich zu sehr mit meinen Tagträumen über eine erfundene Party. Wo waren wir stehen geblieben? … Ach ja, das Namensschild.

Du gehst also zu dieser Party, wo jeder ein Namensschild tragen muss. Nur kannst du dieses Mal aus einer Liste von Namen wählen, die Gott dir gibt. Betrachten wir einige der Namen näher, die Gott dir in der Bibel gibt. Diese Namen erklären, wer wir in Christus sind. Lies doch mal einige dieser Namen, und ich bin mir fast sicher, dass du nie gewusst hast, dass das deine Namen sind.

»Hallo, ich heiße Zuversichtlich.«

> *Wer den Herrn achtet, lebt in Sicherheit … (Sprüche 14,26).*
>
> *Du brauchst dich nicht vor einem plötzlichen Unglück zu fürchten … Denn der Herr ist deine Zuversicht (Sprüche 3,25-26).*
>
> *Dieser Hohe Priester [Jesus] versteht unsere Schwächen … Lasst uns deshalb zuversichtlich vor den Thron unseres gnädigen Gottes treten. Dort werden wir Barmherzigkeit empfangen und Gnade finden, die uns helfen wird, wenn wir sie brauchen (Hebräer 4,15-16).*

»Hallo, ich heiße Gottes Freude.«

Der Herr, dein starker Gott, der Retter, ist bei dir. Begeistert freut er sich an dir. Vor Liebe ist er sprachlos ergriffen und jauchzt doch mit lauten Jubelrufen über dich (Zefanja 3,17).

»Hallo, ich heiße Gottes Tochter.«

Deshalb verhaltet euch nicht wie ängstliche Sklaven. Wir sind doch Kinder Gottes geworden und dürfen ihn »Abba, Vater« rufen. Denn der Geist Gottes selbst bestätigt uns tief im Herzen, dass wir Gottes Kinder sind (Römer 8,15-16).

»Hallo, ich heiße Vergeben.«

Doch diese wunderbare Zusage – dass Gott ihn für gerecht erklärte – galt nicht nur für Abraham. Sie wurde auch für uns in der Schrift festgehalten, denn Gott wird auch uns für gerecht erklären, wenn wir an ihn glauben, der Jesus, unseren Herrn, von den Toten auferweckt hat. Wegen unserer Sünden musste Jesus sterben, und er wurde auferweckt, um uns vor Gott gerecht zu sprechen (Römer 4,23-25).

In diesem Mann, Jesus, findet ihr Vergebung für eure Sünden. Wer an ihn glaubt, wird von aller Schuld frei und vor Gott gerecht gesprochen … (Apostelgeschichte 13,38-39).

Accessoires fürs Leben

Wert – wissen, dass wir wert geachtet sind

Warst du schon einmal beim Nobeljuwelier Tiffany? Tiffany ist atemberaubend. Ein Ladentisch neben dem anderen voller Diamanten und Juwelen, sodass jede Frau nach Luft schnappt und fast anfängt zu sabbern. So wie es dir beim Anblick eines Diamanten mit 20 Karat den Atem verschlägt, verschlägt es Gott den Atem, wenn er dich anschaut. So wie deine Augen glänzen, wenn du vor einem makellosen, vollkommen reinen Diamanten stehst, glänzen Gottes Augen, wenn er dich sieht. Wegen Jesus wurde das harte Gestein der Sünde, das dich umschlossen hielt, wegge-

meißelt und du wurdest in den wertvollsten Edelstein verwandelt. Gleichgültig, welche Fehler du begangen hast oder wie viele Menschen dir gesagt haben, dass du nichts wert bist – du weißt: Vom Schöpfer der Sterne wirst du wert geachtet. Er liebt dich!
Wenn es dir schwer fällt zu glauben, dass du wertvoll bist, dann stell dich vor das Schaufenster von Tiffany und sag dir: »Für Gott bin ich wichtiger als der herrlichste Diamant.« Und sag dir das so lange, bis du es glaubst.

Wenn wir entsprechend der Namen, die unser himmlischer Vater uns gibt, leben, verändert sich unser Erscheinungsbild. In dem Maße, in dem wir lernen, uns so zu sehen, wie Gott uns sieht, betrachten wir uns mit einer gesünderen Selbstachtung und einem größeren Selbstwertgefühl. Gott schaut dich, seine wertvolle Tochter, mit aufrichtigem Stolz an. Ich traue mich zu wetten: Wenn Gott Auto fahren würde, dann würde dein Bild auf seinem Armaturenbrett stehen!

Anmerkung von Max Lucado

Gott liebt dich so, wie du bist. Wenn du meinst, er wurde dich mehr lieben, wenn dein Glaube stärker wäre, dann irrst du dich. Wenn du meinst, seine Liebe wäre tiefer, wenn deine Gedanken tiefgründiger wären, irrst du dich ebenfalls. Verwechsle nicht Gottes Liebe mit der Liebe, die Menschen dir entgegenbringen. Die Liebe von Menschen wird oft je nach Leistung größer und verringert sich bei Fehlern. Gottes Liebe nicht. Er liebt dich in deiner derzeitigen Verfassung.[1]

Schönheitstipp

Sag deine Namen

Eine großartige Möglichkeit, unseren negativen Gedanken über uns selbst entgegenzuwirken, besteht darin, sie durch positive Gedanken zu ersetzen.

Nimm ein Stück Papier oder eine Briefkarte und bastle ein Namensschild mit einem Vers aus diesem Kapitel – oder mehrere Namensschilder mit mehreren Versen, wenn du willst. Diese Namensschilder kannst du an den Spiegel in deinem Zimmer oder im Badezimmer heften, damit sie dich daran erinnern, wer du wirklich bist. Verziere ein Namensschild, befestige eine Schnur daran und häng es an den Rückspiegel des Autos oder steck es in deine Tasche. Tu alles, damit du dich an die Namen erinnerst, die Gott dir gegeben hat.

Ich hoffe, dass dein Selbstwertgefühl-Tank überfließt, nachdem du gelesen hast, wie sehr Gott dich liebt. Wir haben jetzt darüber gesprochen, wie eine Beziehung zu deinem vollkommenen Vater dir all die Accessoires fürs Leben gibt, die du brauchst. Jetzt wird es Zeit, diese Accessoires in unseren Beziehungen erkennen zu lassen. Sprechen wir über Männer!

Kapitel zehn
Aschenbrödel und der perfekte Prinz

Hast du dir schon einmal gewünscht, eine Disney-Prinzessin zu sein? Als Kind träumte ich davon, im Cinderella-Schloss von Disney-World zu leben. Das heißt, bis ich einmal tatsächlich das Schloss betrat und entdeckte, dass es nur ein doofes Restaurant war … Im Schwimmbad im Sommer steckte ich als Kind beide Füße in einen Schwimmreifen und gab vor, Schwanzflossen wie die Meerjungfrau Arielle zu haben. Wenn Papa zu uns ins Schwimmbecken kam, tanzte er mit uns und sang dabei das Dornröschen-Lied »Eines Nachts im Traum«. Dabei warf er uns immer wieder in die Luft. Ich lief mit meiner Karaoke-Station herum und sang Arielles berühmtes Unterwasser-Solo »Hier, wo du lebst«.

Auch wenn du nie davon geträumt hast, eine Disney-Prinzessin zu sein, wünschen wir alle uns im tiefsten Inneren, wie eine Prinzessin behandelt zu werden. Teile das Wort Prinzessin und du hast den Hauptgrund für den Prinzessinnen-Traum: der Prinz. Wer würde nicht gerne mit einem gut aussehenden Prinzen dem Sonnenuntergang entgegenreiten?! (Ich persönlich habe Angst vor Pferden und würde deshalb lieber in einer Hummer-Stretchlimousine mit Schiebedach dem Sonnenuntergang entgegenfahren. Aber das betrifft nur mich!)

Wie stellst du dir deinen perfekten Prinzen vor? Wie behandelt er dich in deinen Träumen? Wie behandelt er andere und welche positiven Eigenschaften hat er? Nimm dir ein paar Minuten Zeit und schreib auf, welche Art Mann du einmal heiraten möchtest. Überleg dir dann, ob deine Liste mit Gottes Liste übereinstimmt. Viel Vergnügen dabei! Sei kreativ – und so konkret, wie du willst!

Ich glaube, Gott gefällt es, wenn wir träumen. Ich glaube sogar, dass Gott uns mit unseren Träumereien daran erinnert, dass wir uns nicht mit weniger zufriedengeben sollen als dem Besten, das Gott für uns vorgesehen hat. Gott sehnt sich danach, uns, seine Töchter, mit Segnungen zu überhäufen.

> *Seine Gnade ist so groß, dass er unsere Freiheit mit dem Blut seines Sohnes erkauft hat, sodass uns unsere Sünden vergeben sind. Er hat uns mit Gnade überhäuft und uns Weisheit und Erkenntnis gegeben. (Epheser 1,7-8)*

Gott, unser himmlischer Vater, will nicht, dass wir uns mit einem Mann zufriedengeben, der uns herunterzieht, bei dem wir uns nicht wohlfühlen und der uns in eine Frau verwandelt, zu der Gott uns nicht geschaffen hat. So ist kein Prinz! Ein Prinz liebt uns um unserer selbst willen. Er fordert uns heraus, ein besserer Mensch zu werden. Er ist rechtschaffen, hat Führungsqualitäten und, wenn er ein echter Prinz ist, kennt er Gott als seinen König.

Aschenbrödels Geschichte

Aschenbrödel gab sich nicht mit einem x-Beliebigen zufrieden. Das Ende des Märchens lautet: »Und sie lebten glücklich und zufrieden bis an ihr Lebensende«, weil Aschenbrödel auf ihren Prinzen gewartet hat. Hat sich Aschenbrödel aus ihrer Dachbodenkammer geschlichen, um sich in den Clubs und Bars der Stadt mit Männern zu treffen? Nein. Hat sie ihre böse Stiefmutter angeschrien, weil sie nicht ausgehen durfte? Nein. Stattdessen hat sie demütig die vor ihr liegenden Aufgaben angenommen und hoffnungsvoll gewartet, in dem Wissen, dass ihr Traum Wirklichkeit werden würde. Nachdem sie die gute Fee getroffen hatte und in ihrer Kürbiskutsche zu dem Ball gefahren war, stolzierte sie nicht auf den Prinzen zu, um ihm ihre Adresse zu geben (damals gab es noch keine Handys), ihn zum Tanzen aufzufordern und mit ihm zu flirten, damit er wusste, dass sie noch zu haben war. Der Prinz musste in Aktion treten, um Aschenbrödel zu gewinnen. *Er* bemerkte sie, *er* forderte sie zum Tanzen auf und dann, nachdem sie gegangen war, schickte *er* einen Suchtrupp los, um sie zu ausfindig zu machen. Ein Mann, der wusste, wie man hinter seinem Schatz her zu sein hat! *Wow*!

Unterbrechen wir die Geschichte kurz und sprechen aus, was wir jetzt alle denken: »Wow, Aschenbrödel hat's geschafft!« Ähnelt der Prinz nicht dem Mann, nach dem wir uns sehnen? Gut aussehend, edel, geachtet, gut aussehend, wohlhabend (ich meine *wirklich* wohlhabend), ein guter Tänzer und – habe ich es schon erwähnt? – gut aussehend!

Doch eine der besten Eigenschaften, die der Prinz hatte, war das Selbstvertrauen, das er brauchte, um Aschenbrödel nachzulaufen, hinter ihr her zu sein. Warum sollten wir einen Mann wollen, dem *wir* nachrennen müssen? Denk darüber nach. Wünschen wir uns nicht einen Mann, der sich anstrengt, um uns für sich einzunehmen, und der alles tut, um uns zu umwerben? Warum sollte er sich schließlich bemühen, uns zu halten, wenn er uns ohne Mühe bekommen hat? Wer will einen Faulpelz, der aufhört, uns zu umwerben, sobald er uns hat? Wäre es nicht wunderbar, einen Mann zu haben, der sogar nach dreißig Jahren Ehe hinter dir her ist?

Mein Märchenprinz

Ich lernte Brett mit achtzehn kennen. Als wir uns das erste Mal die Hand gaben, hatte ich tausend Schmetterlinge im Bauch. Ich wollte in seinen blitzenden blauen Augen versinken. Er hatte breite Schultern und die hübschesten Sommersprossen, die ich je gesehen habe. Bei unserem ersten Date führte er mich ins Planetarium. Ich weiß, jetzt denkst du vermutlich: *Wie abgefahren ist das denn?* Aber wart erst mal ab! Der ganze Tag drehte sich um Sterne. Er kaufte mir das Märchen »Sterntaler«, ging mit mir ins »Café Lonestar« und schenkte mir sogar Socken mit Sternen drauf! Wir verbrachten immer mehr Zeit miteinander und er rief sogar meinen Vater an und bat um die Erlaubnis, mit mir ausgehen zu dürfen. Das hat mich echt vom Hocker gehauen! Ich hatte vorher nie einen Freund, der das getan hat. (Er sammelte ganz schön Punkte bei meinen Eltern!)

Außer seinem Humor, seiner Liebe zu Gott und seiner Kreativität mochte ich die Fragen, die er mir stellte. Das klingt vielleicht komisch, deshalb erkläre ich es. Zuvor hatte ich den Eindruck, dass immer ich es war, die den Jungs Fragen über ihr Leben, ihren Tagesablauf, ihre Familie und noch viel mehr stellte. Aber jetzt hatte ich einen Jungen gefunden, der mir Fragen über mich stellte! Er war an meinem Leben interessiert. Es war so erfrischend. Doch dann wurde es zu erfrischend. Ich bekam es mit der Angst zu tun. Ich war zu jung für eine Beziehung mit diesem tollen Jungen, mit dem ich mir vorstellen konnte, den Rest meines Lebens zu verbringen. Also »türmte« ich. Ich wollte etwas vom Leben haben, mit anderen Jungs von der Universität ausgehen und meine berufliche Laufbahn vorbereiten. Ich konnte nicht heiraten!

Doch als ich von ihm weglief, lief Brett auf mich zu. Er ging mir nach. Er schrieb Briefe, in denen er mir versicherte, dass er warten würde, bis ich bereit sei. Doch er stellte mir nicht wie ein Stalker nach. Er legte sein Leben nicht auf Eis. Er blies nicht Trübsal, als ob sich seine ganze Welt nur um mich drehte – weil sie es nicht tat. Er wartete einfach auf mich, nicht ein, nicht zwei, sondern fünf lange Jahre! Ich weiß. Schlag mich ruhig! Aber ich weiß, Gott hat dafür gesorgt, dass wir getrennt wachsen, damit wir zu dem Zeitpunkt, den er für richtig hält, zusammenwachsen können. Tatsächlich hat mir mein Prinz am 08.08.08 einen Heiratsantrag gemacht, und selbstverständlich habe ich Ja gesagt.

Brett hatte Geduld. Er lief mir nach. Doch vor allem betete er. Er vertraute darauf, dass Gott unsere Zukunft in die Hand nehmen würde.

Warte auf Gott und bete für deine Zukunft. Gott überrascht dich vielleicht mit dem Mann deiner Träume, aber vielleicht will er dich auch in anderer Weise mit Segen überschütten. Nicht alle von uns sind für die Ehe bestimmt, und das ist in Ordnung. Also erzwinge keine Beziehung, nur um einen Freund zu haben. Gib dich nicht mit jemandem zufrieden, der kein Prinz ist. Warte auf Gott, wie Brett wegen mir auf Gott gewartet hat. Gottes höchstes Ziel ist, dich näher zu ihm zu bringen. Er weiß genau, was dein Herz braucht. Worin besteht also dein erster Schritt? Im Vertrauen zu deinem himmlischen Vater.

Aschenbrödels Vater und dein Vater

Ich glaube, ein wichtiger Aspekt in Aschenbrödels Leben – ein Aspekt, den wir leicht vergessen – ist die Liebe seines Vaters. Auch wenn Aschenbrödel eine böse Stiefmutter hat, hat es doch auch einen Vater, der ihm sagt, dass er es liebt und dass es schön ist. Das genügt, um folgende Wahrheit in sein Herz zu pflanzen: »Ich bin wertvoll. Ich verdiene das Beste.«

Gerade merke ich, dass ich Aschenbrödel psychoanalysiert habe. Doch ich denke, seine Geschichte stimmt mit dem Traum des vollkommenen Vaters für dich überein. Lies den folgenden Vers, um zu sehen, was dein himmlischer Vater für dich will.

> *»Denn ich weiß genau, welche Pläne ich für euch gefasst habe«, spricht der Herr. »Mein Plan ist, euch Heil zu geben und kein Leid. Ich gebe euch Zukunft und Hoffnung« (Jeremia 29,11).*

Wir haben einen Gott, der große Träume für uns hat! In welcher Weise sollte dieser Vers unsere Maßstäbe hinsichtlich Männern beeinflussen? Wir sollten nie mit einem Jungen ausgehen, der nicht in Gottes Plan für uns passt – einen Plan, der uns fördert, einen Plan, der uns Hoffnung bringt. Wenn wir zulassen, dass Gott den Maßstab dafür setzt, wie wir behandelt werden, dann müssen wir auf einen Mann warten, der versuchen wird, uns so zu lieben und in Ehren zu halten, wie unser vollkommener Vater es tut. Vergiss den Mann deiner Träume. Warte auf den Mann, der Gottes Träumen entspricht!

Vielleicht hast du keine großen Träume, weil du erlebt hast, dass dein Vater weit davon entfernt ist, ein Traum-Ehemann zu sein. Oder vielleicht hast du dir aufgrund der Beobachtung deines Vaters wirklich hohe Maßstäbe gesetzt, und deshalb wartest du auf einen Mann, der so toll ist wie er.

Wie hat dein irdischer Vater die Maßstäbe beeinflusst, die du an deinen Freund anlegst?

Schönheitstipp
Kleidung fürs Rendezvous

Der Schlüssel zu einem guten ersten Rendezvous? Bequemlichkeit. Je wohler du dich in deiner Haut fühlst, desto weniger unbeholfen wirst du an diesem Tag wirken. Eine Möglichkeit, dich in deiner Haut wohlzufühlen, ist, dich bequem anzuziehen. Ich sage damit nicht, dass du im Sweatshirt erscheinen sollst, doch ich schlage Folgendes vor:

- Zieh etwas an, in dem du bequem sitzen kannst.
- Zieh etwas an, mit dem du leicht in ein Auto und aus einem Auto steigen kannst.
- Zieh etwas an, auf dem man keine Flecken sieht, falls du beim Essen kleckerst.
- Zieh etwas an, bei dem man keine Schweißflecke sieht (aus Nervosität schwitzen manche Mädchen).

Je weniger du über dein Outfit nachdenken musst, umso leichter fällt es dir, du selbst sein.

Müffelnde Jungs kommen auch von Gott

Obwohl man es sich kaum vorstellen kann, wurden Jungs trotz ihrer grau-gestreiften Socken, müffelnden Zimmer und haarigen Zehen von demselben Gott geschaffen wie wir Mädchen. Das stimmt wirklich! Sie sind Gottes Söhne. Und Gott bittet uns – seine Töchter – seine Söhne so zu betrachten, wie er es tut, und sie mit der gleichen Achtung und Liebe zu behandeln, die wir für uns selbst beanspruchen.

Um Jungen Ehre zu erweisen, müssen wir die Rolle verstehen, die Gott ihnen zugewiesen hat, damit wir ihnen helfen können, die besten Männer zu werden, die sie sein können.

Betrachte die folgenden Fälle und überlege, in welchem Fall dem Jungen am meisten Ehre erwiesen wird.

1. Du hast herausgefunden, dass ein Junge dich gern hat, aber er ist einfach zu schüchtern, um es dir zu sagen. Also beschließt du, es ihm leicht zu machen, und sagst ihm, dass du ihn magst, bevor er etwas sagt.
2. Du lernst einen Jungen kennen und denkst, dass er wirklich cool und nett ist. Also beginnst du, per SMS mit ihm zu flirten. Auf diese Weise erfährt er, dass du interessiert bist.
3. Du bist total in einen Jungen verknallt und hast gehört, dass dies eventuell auf Gegenseitigkeit beruht. Aber du beschließt, ihn den ersten Schritt machen zu lassen. Obwohl das Warten wirklich schwer ist, glaubst du, dass dies eine gute Zeit wird, in der du ihn einfach auf kameradschaftlicher Ebene kennenlernen kannst.

Es ist wichtig, den Jungen um dich werben zu lassen, damit du sicher bist, einen selbstbewussten Mann anzulocken und keinen faulen. Meine Freundin Chad sagt: »Obwohl Jungs selbstbewusst handeln wollen, braucht es eine gute Portion Mut, ein Mädchen zum Ausgehen einzuladen. Also machen wir uns ans Werk und bauen seinen Selbstbewusstseins-Muskel auf. Es ist nicht gut zu verhindern, dass Jungs die Muskeln aufbauen, die wir unser ganzes Leben lang brauchen.«[1]

Wir Mädels müssen unseren Beitrag leisten und den Jungs helfen, Männer mit Führungsqualitäten zu werden, die nicht so schnell aufgeben. Wenn wir es ihnen zu leicht machen, indem wir allzu leicht verfügbar sind (körperlich oder seelisch), werden sie nie erwachsen.

Stell einem Jungen kein Bein

Gott bittet uns, unseren Bruder nicht straucheln zu lassen. In 1. Korinther 10,32; L spricht er durch Paulus zu uns: »Erregt keinen Anstoß ...«. Bedeutet das, dass wir einen Mann nicht die Treppe hinunterstoßen sollen? Nein – obwohl Gott darüber auch nicht begeistert wäre. »Erregt keinen Anstoß« bedeutet, dass wir Frauen darauf achten sollen, es den Männern nicht leicht zu machen, uns zu begehren, uns wie Dreck zu behandeln und weit von dem abzudriften, wozu Gott sie berufen hat. Überzogenes Flirten und aufreizende Kleidung – all diese Dinge bringen das Herz eines Jungen zum Straucheln.

Nimm dir jetzt eine Sekunde Zeit und denke über deinen Ruf bei Männern nach. Bist du die Frau, die alle Männer mögen, aber nicht haben können? Bist du die Frau, die grausam zu Männern ist? Bist du die Frau, die zu jedem Mann »Ja« sagt, damit du immer zum Ausgehen eingeladen wirst? Bist du die Frau, die nett zu allen ist, aber den Männern geheimnisvoll vorkommt? Bist du eine Frau, die es satt hat, nur auf kameradschaftliche Weise mit Männern befreundet zu sein, und die versucht ist, alles zu tun, um Aufmerksamkeit zu erregen?

Überleg dir, wie du dich gegenüber Männern verhältst, sie anschaust und mit ihnen sprichst. Frag dich, ob dein Verhalten gegenüber Männern sie zum Straucheln bringt oder ihre Gedanken auf Bereiche lenkt, wo sie nicht sein sollten. Hilfst du ihnen, ihren Selbstbewusstseins-Muskel aufzubauen, oder machst du Beziehungen zu leicht für sie? Wenn du Männer so betrachtest, wie Gott es will – als seine Söhne – dann werden deine Beziehungen zu ihnen völlig neu und viel gesünder.

Wir Frauen müssen bewusst darauf achten, wie wir uns kleiden und wie wir flirten oder mit Männern umgehen. Hoffentlich wird dieses neue Bewusstsein uns zu einer Neudefinition unseres Erscheinungsbildes führen, sowohl bei modischen Entscheidungen als auch bezogen auf unseren inneren Stil. Wenn wir beschließen, uns anständig zu kleiden, über reine und aufbauende Themen zu sprechen und den Jungs die Initiative zu überlassen, dann kann all das den Jungs helfen, zu wahren Prinzen zu werden. Und dann können sie uns wiederum helfen, zu Prinzessinnen zu werden, zu dem kostbaren Schatz, der es wert ist, dass man ihm nachjagt. Doch nichts von dem geschieht, wenn ihr beide nicht Gott als euren Vater kennt und ihm gehorcht.

Selbstbeherrschung – damit wir gute Entscheidungen treffen können

Selbstbeherrschung kann in jedem Bereich unseres Lebens zweckmäßig sein. Beispielsweise wenn man Zurückhaltung übt, obwohl man Lust hat, voller Wut auf die Eltern davonzustampfen oder die Tür vor der Nase seiner Schwester zuzuschlagen. Doch im Ernst, unsere Beziehungen zu Jungs erfordern die meiste Selbstbeherrschung.

Ein Teil des Problems besteht darin, dass die Hormone verrückt spielen. Ich weiß, wie man sich fühlt mit all diesen durchgeknallten Hormonen und der Schwärmerei für jemanden. Sollen wir einfach keine Notiz davon nehmen?!

Wenn wir im Gebet um Selbstbeherrschung bitten, werden dadurch die Hormone nicht weniger. Wirklich nicht! Doch das Gebet hilft uns, gute Entscheidungen zu treffen. Es hilft uns, Situationen zu vermeiden, die unsere moralischen Maßstäbe aufs Spiel setzen und unser Problem mit den Hormonen noch verschlimmern können. Es hilft uns, etwas zu vermeiden, das wir später bereuen würden, etwas, das auch unser Ehemann einmal bedauerlich finden würde! Erinnerst du dich an den perfekten Prinzen, den du beschrieben hast? Er ist vielleicht gar nicht weit weg und wartet auf dich. Und für den Märchenprinzen gibt es nichts Schöneres als eine Prinzessin, die an einem bestimmten Punkt ihres Lebens innegehalten und gesagt hat: »Weißt du was? Ich werde mein Herz und meinen Körper für meinen Gott, meinen künftigen Prinzen und für mich selbst schützen.«

Prinzen oder Clowns

Es gibt viele Hofnarren. Deshalb gebe ich hier einige Ratschläge, wie man erkennen kann, ob ein Mann wirklich ein Prinz ist.

Ein wirklicher Prinz gestaltet sein Leben nach dem Vorbild des Königs aller Könige, Gott selbst. Jedes Mal, wenn du nicht weißt, ob ein Mann die Eigenschaften eines Prinzen hat, dann stell dir folgende Frage: »Behandelt er mich, wie mein himmlischer Vater mich behandeln würde?« Frag nicht deine Freundinnen, beobachte nicht die Beziehungen der Hollywood-Stars und surf auch nicht im Internet danach. Der »Prinzen-Test« steht in der Bibel! Eine der besten Stellen, mit deren Hilfe du herausfinden kannst, ob ein Junge dich gut behandeln wird, steht in 1. Korinther 13,4-7:

Die Liebe ist geduldig und freundlich. Sie ist nicht neidisch oder überheblich, stolz oder anstößig. Die Liebe ist nicht selbstsüchtig. Sie lässt sich nicht reizen, und wenn man ihr Böses tut, trägt sie es nicht nach. Sie freut sich niemals über Ungerechtigkeit, sondern sie freut sich immer an der Wahrheit. Die Liebe erträgt alles, verliert nie den Glauben, bewahrt stets die Hoffnung und bleibt bestehen, was auch geschieht.

Diese Verse beschreiben, wie Gott uns liebt. Aber ich glaube, sie sind auch ein hilfreiches Werkzeug, das uns als Maßstab dienen kann, wenn wir uns Fragen über eine mögliche Beziehung stellen, wenn wir in einen Mann verknallt sind und wenn wir mit einem Mann ausgehen. Selbstverständlich werden wir keinen Mann finden, der so perfekt ist wie Gott. Doch unser perfekter Vater ist das perfekte Vorbild für wahre Liebe. Deshalb liegt es an uns, ihn als Maßstab für das Lieben und das Geliebtwerden zu benutzen.

Anmerkung von Max Lucado

Als Jenna fünf Jahre alt war, kamen zwei zehnjährige Jungen im Bus auf sie zu, schauten sie drohend an und verlangten, sie solle Platz für sie machen.

Als ich von der Arbeit nach Hause kam, erzählte sie es mir. »Ich wollte weinen, aber ich habe nicht geweint. Ich bin einfach sitzen geblieben – und habe mich gefürchtet.«

Mein erster Gedanke war, die Namen der Jungen herauszufinden und ihren Vätern die Schnauze zu verdreschen. Ich tat es nicht. Was ich tat, war jedoch viel wichtiger. Ich zog meine kleine Tochter auf meinen Schoß, umschloss sie mit meinen Armen und versicherte ihr, dass sie von diesen alten Rowdys nichts zu befürchten hatte, weil ihr Papa da war, und dass ich dafür sorgen würde, dass diese Schlägertypen etwas erleben, wenn sie jemals meiner Prinzessin zu nahe treten.

Und das war für Jenna genug.[2]

Gott ist es auf jeden Fall wichtig, wie wir Männer sehen und wie Männer uns sehen. Nehmen wir ihn zum Vorbild, wenn es darum geht, wie wir Jungs betrachten und wie wir von Jungs betrachtet werden wollen. Gottes Plan für unsere Beziehung mit Männern ist viel schöner als der Plan der Welt – und bringt weniger Dramatik und Liebeskummer mit sich. Bitte deshalb Gott um Rat, wenn es um Männer geht. Schließlich ist ein Vater dafür da.

Beenden wir dieses Kapitel mit einem Gebet:

Gott, danke, dass du mein Vater bist. Und da du mein Vater bist, bitte ich dich, mein Erscheinungsbild zu erneuern. Hilf mir, Männer so zu sehen, wie du es willst. Hilf mir, sie als deine Geschöpfe zu betrachten. Gib mir die Gnade, meine Beziehungen auf dich als den Mittelpunkt auszurichten. Gib mir die Geduld, auf das Beste zu warten, das du für mein Leben vorgesehen hast. Amen.

Kapitel elf

Tiefe Freundschaft

Als Kind war Rachel meine beste Freundin. Stundenlang spielten wir in unserer eigenen Rachel-Jenna-Welt. An manchen Tagen waren wir Lehrerinnen und verwandelten mein Zimmer in eine Schule. An anderen Tagen rutschten wir in unseren Schlafsäcken die Treppe hinunter. Doch eine unserer Lieblingsbeschäftigungen war das Spielen mit Barbies.

Wir waren Barbie-Architektinnen, bauten ganze Barbie-Städte und Barbie-Villen. Dabei benutzten wir das einzige Material, das uns zur Verfügung stand: Bücher. Wir stapelten Bücher übereinander, schlugen Bücher auf, lehnten Bücher aneinander – alles, was erforderlich war, um das Barbie-Haus oder das Gebäude, das wir wollten, zu errichten. Das Barbie-Traumhaus war nichts im Vergleich zu unseren Schöpfungen (obwohl wir beide uns insgeheim eins wünschten). Oft brauchten wir drei Stunden, um das Umfeld für unsere Barbies zu schaffen. Sobald wir die richtige Kulisse aufgebaut hatten, begann die Barbie-Geschichte. Die Drehbücher, die wir für unsere Barbies erfanden, erinnerten an Seifenopern. Ich erinnere mich, dass Rachels Barbie einmal an Krebs starb und dass wir beide tatsächlich weinten! Ich glaube, wir waren ein bisschen besessen von Barbies. Okay, vielleicht mehr als ein bisschen.

Rachel und ich hatten unsere Höhen und Tiefen, aber das, was ich an ihr immer noch mag, ist, dass man mit ihr sofort da weitermachen kann, wo man aufgehört hat, egal wie viel Zeit seit dem letzten Treffen vergangen ist. Und wenn ich mir ihr zusammen war, empfand ich immer die Freiheit, ganz ich selbst sein zu können. Sie kennt meine innersten Gefühle und liebt mich trotz meiner Mängel. Ich muss sie nicht beeindrucken. Sie liebt mich sogar noch, wenn ich vor ihr in der Nase bohre!

Hast du eine beste Freundin? Warum ist gerade diese Person deine beste Freundin? Was magst du besonders an dieser Freundin? Falls du zurzeit keine enge Freundin hast: Welche Eigenschaften erhoffst du dir von einer Freundin?

Gott will Teil unserer Freundschaften werden. Er weiß aus eigener Erfahrung, was es bedeutet, sich Freunde zu wünschen. Du glaubst mir nicht? Denk an die Apostel. Jesus wusste, dass er eine kleine Gruppe von Männern brauchte, mit denen er Zeit verbrachte, die er ermutigte und die ihn ermutigten, die er liebte und die ihn liebten. Und er wünscht sich das auch für uns. Gott will seine Töchter von Freundinnen umringt sehen, die uns helfen, unsere besten Eigenschaften zu entwickeln, und er will uns im Leben unserer Freunde gebrauchen. Er will deine Freundschaften besser machen. Aber wie? Nun, indem er unsere Ansicht über Freundschaften verändert.

Unter Wasser

Warst du schon einmal am Strand und hast am Meer gespielt? Wenn es dir so wie mir geht, dann hast du vielleicht ein bisschen Angst vor der tiefen, endlosen Unterwasserwelt. Aus irgendeinem Grund läuten bei mir immer die Alarmglocken, wenn ich auch nur die Zehenspitze ins Meer stecke.

Meine Familie ist das genaue Gegenteil von mir. Jedes Mal, wenn wir unseren Urlaub am Strand verbringen, wollen sie alle schnorcheln (außer meiner Mutter, die uns lieber von ferne zuschaut, während sie ihren Smoothie schlürft und sich die Beine bräunen lässt). Normalerweise bleibe ich dann bei meiner Mutter, aber einige Male habe ich meiner Angst ins Auge gesehen und ihr gesagt: »Heute verdirbst du mir den Spaß nicht!« Im Allgemeinen funktioniert das. Versuch es mal!

Das erste Mal, als ich draußen im tiefen »Große-Mädchen«-Wasser schnorchelte (so nenne ich es, weil ich dort all meinen Große-Mädchen-Mut zusammennehmen muss), erkannte ich, wie viel ich versäumt hatte, als ich im seichten Wasser blieb. Du betrittst eine völlig neue und wunderbare Welt, wenn du tiefer ins Meer hinuntertauchst. Dort gibt es perlweiße Riffe und Fische in allen möglichen Grün-, Orange- und Gelb-Neontönen. Jeder glitschige Seetang scheint zu glühen. Ich erinnere mich, dass ich beim Schnorcheln gedacht habe – während ich mit einem Auge nach Haien Ausschau hielt –: *Mensch, wenn ich den Strand nicht verlassen hätte, dann hätte ich nie die Wunder der tiefen Gewässer entdeckt!*

Das Gleiche passiert, wenn wir zulassen, dass Gott unsere Beziehungen von seicht in tief, von einfach in erstaunlich, von gewöhnlich in spannend verändert. Wie er das macht? Nun, wenn wir zulassen, dass Gott unser Vater ist, hilft er uns, Freundschaften so zu betrachten, wie er sie vorgesehen hat: als ermutigend, liebevoll und aufbauend.

Anmerkung von Max Lucado

Wir verfügen von uns aus nicht über eine Liebe, die eine Ehe retten könnte. Ebenso wenig wie wir über eine Hingabe verfügen, die Freundschaften erhalten und festigen kann. Deshalb brauchen wir Hilfe von außen […].[1]

Freundinnen mit Gottes Augen sehen

In der Bibel gibt unser perfekter Vater uns Ratschläge für Freundschaften, und zwar anhand einer schönen Geschichte über zwei Männer, Jonatan und David. Wenn du dich für die ganze Geschichte interessierst, dann lies 1. Samuel 18–20.

Die meisten Menschen haben wahrscheinlich von David gehört, dem berühmten König Israels aus dem Alten Testament. Sein bester Freund Jonatan findet im Allgemeinen weniger Beachtung. Tatsache ist, dass David nicht lange genug gelebt hätte, um König zu werden, wenn Jonatan nicht gewesen wäre. Siehst du, im Leben von David gab es mehr Dramatik als in den Barbie-Spielen von Rachel und mir! Stell dir diesen Skandal vor:

König Saul, Jonatans Vater, wurde wegen Davids Beliebtheit eifersüchtig und sah in ihm eine Bedrohung für seinen Thron. Deshalb beschloss Saul, David zu töten. Kannst du das glauben? David hatte nichts getan, außer dem König zu helfen, Schlachten zu gewinnen, und seinen Erzfeind Goliat zu töten. Trotzdem beschloss Saul, David umzubringen, weil dessen Bild und nicht das Bild von Saul auf der ersten Seite von *Israel Heute* erschienen war (damals eine beliebte Zeitung, die ich vielleicht auch nur erfunden habe ...).

Es war nicht viel anders als der Kampf um Beliebtheit, der heutzutage in den Schulen im ganzen Land ausgetragen wird. Man handelt boshaft oder egoistisch, um beliebter zu werden. Klatsch und Verrat schleichen um die Garderoben und tauchen im Klassenzimmer auf.

Aber ich hoffe, du hast noch nicht erlebt, dass jemand versucht hat, einen anderen umzubringen, nur um beliebter zu werden. Leider passiert genau das in unserer Geschichte. Es ist wie im Film »Girls Club – Vorsicht bissig!«, nur hundert Mal schlimmer.

Der unbesungene Held der Geschichte ist Jonatan, der so ganz anders war als sein Vater Saul. Er sah das böse Herz seines Vaters und beschloss, das Leben von David zu retten. Hältst du James Bond für listig? Dann überleg dir, was Jonatan getan hat. Er, ein echter Insider, hat sich fortgeschlichen, um David vor dem Attentat zu warnen, das sein Vater geplant hatte. Jonatan setzte für seinen Freund sein Leben aufs Spiel.

Hast du einen Jonatan in deinem Leben? Bist du für jemanden ein Jonatan? Denk über das Opfer nach, das Jonatan aus Liebe zu David gebracht hat, und vergleiche es mit deinen eigenen Freundschaften. Ich hoffe, dass du mindestens eine aufopfernde Freundschaft hast.

Anmerkung von Max Lucado

Jeder Mensch braucht dringend mindestens einen treuen Freund oder Partner, der ihm in die Augen schaut und sagt: »Ich verlasse dich nie. Auch wenn du alt und grau bist, verlasse ich dich nicht. Auch wenn dein Gesicht faltig und dein Körper gebrechlich wird, verlasse ich dich nicht. Es können grausame Jahre und harte Zeiten kommen, aber ich werde da sein. Ich werde dich nie verlassen.«

Denken Sie eine Minute lang über die Menschen in Ihrem Leben nach. Was halten sie von Ihrer Verbindlichkeit ihnen gegenüber? Gerät Ihre Treue jemals ins Wanken? Gibt es einen Menschen, mit dem Ihr »Vertrag« für alle Zeit fest ist?

Zwei Freunde waren einmal im Krieg. Der Kampf tobte heftig und viele kamen um. Als einer der beiden jungen Soldaten verletzt war und nicht in den Graben zurückkehren konnte, lief der andere gegen den Befehl seines Offiziers hinaus, um ihn zu holen. Er kehrte tödlich verwundet zurück, und sein Freund, den er zurückgetragen hatte, war ebenfalls tot.

Der Offizier schaute den sterbenden Soldaten an, schüttelte den Kopf und meinte: »Es war umsonst.«

Der junge Mann, der die Bemerkung hörte, lächelte und antwortete: »Es war nicht umsonst, denn als ich bei ihm war, hat er gesagt: ›Jim, ich habe gewusst, dass du kommst.‹«

Machen Sie das Beste aus Ihren Beziehungen. Befolgen Sie den Rat von Benjamin Franklin: »Wähle einen Freund langsam, wechsle ihn noch langsamer.«[2]

Bei der Geschichte von David kommen mir drei Wörter in den Sinn, und Gott gibt uns diese Wörter, damit wir die Qualität unserer Freundschaften beurteilen können: *liebevoll, aufopfernd, geistlich*. Benutze diese Wörter, wenn du eine gute Freundschaft beschreiben willst.

Liebevoll. Jonatan hätte leicht auf den attraktiven, beliebten und talentierten David eifersüchtig werden können. Doch die Bibel berichtet, dass Jonatan David liebte wie sich selbst (1. Samuel 20,17). Also setzte er David an die erste Stelle. Manchmal stehen wir in Konkurrenz zu unseren Freundinnen. Gelegentlich empfinden wir einen Anflug von Eifersucht, wenn sie die Aufmerksamkeit erhalten, die wir uns wünschen. Jedes Mal, wenn sich Eifersucht oder Konkurrenzdenken in uns breit machen wollen, sollten wir uns daran erinnern, warum unsere Freundin unsere Freundin ist. Hoffentlich liegt der Grund darin, dass wir sie gern haben und ihr deshalb das Beste wünschen. Diese Art Liebe bedeutet, dass wir mit ihr die guten Dinge, die in ihrem Leben geschehen, feiern. Dafür erweist uns eine gute Freundin die gleiche Art Liebe, wenn bei uns alles bestens läuft. Ich habe gelernt, dass es mir jede Menge Stress erspart, wenn ich mich für meine Freundinnen freue, anstatt neidisch zu sein.

Aufopfernd. Zu einer Beziehung gehört Geben und Nehmen. Etwas aufzugeben, um einer Freundin eine Freude zu machen, ist ein wirkliches Opfer. In diesem Fall hat Jonatan für David sogar sein Leben aufs Spiel gesetzt. Bei uns besteht das Opfer vielleicht darin, nicht in unserem Lieblingsrestaurant zu essen, weil wir wissen, dass es unserer Freundin dort nicht gefällt. Oder es könnte bedeuten, auf einen Film zu verzichten, den wir unbedingt anschauen wollten, weil unsere Freundin jemanden braucht, der ihr zuhört. Solche Opfer zeigen unserer Freundin, dass sie Vorrang hat und dass sie wirklich wichtig für uns ist. Und vergiss nie, dass eine echte Freundin sich erkenntlich erweist und eine Gegenleistung erbringt.

Geistlich. Als Jonatan David vor dem Zorn seines Vaters versteckte, dachte er sich einen Plan aus, wie er David warnen könnte, falls Saul ihm nach dem Leben trachtete. Als er David den Plan erklärte, sagte er: »Und nun lass uns das halten, was wir uns gegenseitig versprochen haben. Der Herr ist unser Zeuge« (1. Samuel 20,23). Jonatan bezog Gott in seinen Plan und seine Beziehung zu David ein. Sie zögerten nicht, Gottes Namen zu nennen, wenn sie zusammen waren. Sind wir wie Jonatan und David? Wächst unser Glaube in unserer Beziehung? Oder haben wir viele Freundschaften, bei denen wir Angst haben, über unseren Glauben zu sprechen? Die Freundschaft von David und Jonatan war auf Gott als Mittelpunkt ausgerichtet. Worauf sind unsere Freundschaften ausgerichtet? Haben sie Klatsch, Männer und Mode als Mittelpunkt? Sind sie ein endloses Drama? Oder sind sie auf wirklich wichtige Dinge aufgebaut? Eines steht fest: Wenn wir in einer Freundschaft über Gott sprechen können, schnorcheln wir in den tiefen Gewässern des Ozeans. Unsere Herzen stehen auf solch tiefer Ebene in Verbindung, dass unsere Beziehung interessant, ermutigend und sinnvoll wird. Wahre Freundinnen finden es gut, dass wir Gott lieben.

Trendige Freundschaften

Während der Schulzeit hatte ich eine Freundin, deren Eltern geschieden waren. Jeder mochte sie, aber hinter ihrem Rücken wurde gewitzelt, dass sie ein Snob sei. Damals dachte ich, dass sie tatsächlich versnobt sei. Aber im Rückblick glaube ich zu verstehen, warum sie stolz ihre Designerklamotten zur Schau stellte und mit ihrer letzten Einkaufstour prahlte. Sie lebte bei ihrer Mutter, und ihr Vater, ein sehr wohlhabender Mann, gab ihr fast alles, was sie wollte. Vielleicht liebte er sie auf diese Weise, vielleicht wollte er damit seine Abwesenheit in ihrem Leben wieder gutmachen. Er kaufte ihr materielle Dinge. Vielleicht hat sich auch ihre Mutter wegen der Scheidung schuldig gefühlt und den Schmerz ihrer Tochter mit Geschenken wettmachen wollte. Obwohl wir beide uns recht nahe waren, hat sie mich im Stich gelassen, um einen trendigen Status in einer Clique beliebter Mädchen zu bekommen. Da ihr Vater seine Liebe mit Geld und oberflächlichen Geschenken zum Ausdruck brachte, betrachtete sie vermutlich Freundinnen als weitere trendige Gegenstände, die möglicherweise ihr leeres Herz füllen konnten.

Was für eine Freundin bist du?

Das reinste Drama

Gott kann uns Frauen helfen, alles weniger zu dramatisieren. Glaub mir, Dramatisieren trägt nicht zum guten Aussehen bei. Menschen, die ständig ein Drama veranstalten, gelten nicht als besonders schön. Sie werden meistens als nervig betrachtet. Ich weiß es, weil ich solche nervigen Leute erlebt habe und auch selbst so nervig war.

Gott sehnt sich danach, uns in Freundschaften zu sehen, die uns ermutigen, uns geistlich und psychisch bestmöglich zu entwickeln, und in denen wir nicht nur lernen, selbstlos und aufopfernd zu lieben, sondern auch so geliebt zu werden. Wenn unsere Freundschaften diesem Maßstab nicht entsprechen, sollten wir uns nach dem Grund fragen. Vielleicht winkt Gott uns mit dem Zaunpfahl, dass wir neue Freundinnen finden sollen, mit denen wir so sein können, wie wir sind. Vielleicht fordert Gott uns auf, als Freundin in Aktion zu treten. Vielleicht müssen wir tiefer in unsere gesunden, aber seichten Freundschaften eintauchen. Achten wir darauf, was unser Vater uns sagen will. Unsere Freundschaften sind ihm wichtig! Und wenn wir es zulassen, wird er unser Leben mit emotional gesunden und aufbauenden Beziehungen füllen und die Dramen den Reality-Shows im Fernsehen überlassen.

Accessoires fürs Leben

Frieden – glauben, dass Gott Herr der Lage ist

Soll ich dir ein großes Geheimnis verraten? Ich mag Dramatik. Wirklich! Ich mag die Verflechtungen und Aufregungen und finde es interessant, Lösungen dafür zu suchen. Warum ist deiner Meinung nach Fernsehen so fesselnd? Dramatik macht eine Geschichte spannend, und ich mag spannende Geschichten. Tief in unserem Inneren jedoch sagen wir uns, dass uns das alles nicht gefällt, normalerweise ist es die böse Seite von uns, die an einem gehörigen Quantum Dramatik Gefallen findet. Was hält Gott von Dramatik? Es gibt keinen Vers in der Bibel, der befiehlt: »Du sollst nicht dramatisieren.« Doch er sagt, dass Dramatisieren zerstörerisch wirkt. Wenn du ein langes und gesundes Leben willst, dann strebe nach Frieden. »Wenn du ein glückliches Leben führen und gute Tage erleben willst, dann hüte deine Zunge vor bösen Worten und verbreite keine Lügen. Wende dich ab vom Bösen und tue Gutes. Bemüht euch, mit anderen in Frieden zu leben« (1. Petrus 3,10-11). Dramatik kann für einen Augenblick interessant sein, aber Friede bleibt unvergessen.

Gott will der Vater sein, zu dem wir laufen, wenn wir wegen unserer Freundschaften Stress haben. Vielleicht ist dies der Moment, um all das, worüber wir gesprochen haben, vor Gott zu bringen und ihn zu bitten, uns zu helfen, unsere Freundschaften so zu betrachten, wie er es will.

Vater, bitte hilf mir, anderen eine gute Freundin zu sein. Gib mir die Weisheit, dass ich Freundinnen auswähle, die mich ermutigen und mich um meiner selbst willen lieben. Schenk mir einen neuen Blick dafür, wie meine Beziehungen zu anderen sein sollten. Ich bitte dich, dass meine Freundschaften auf dich als Mittelpunkt ausgerichtet sind. Amen.

Kapitel zwölf

Ganz normale Menschen

Wahre Schönheit entsteht nicht einfach, wenn wir es wollen. Sie ist nicht einfach da, um uns zu helfen, unseren Märchenprinzen zu angeln oder unsere Freundschaften zu fördern. Gott hat uns aus vielen verschiedenen Gründen schön gemacht. Und wir müssen diese Schönheit zur Schau stellen für … nun … für ganz normale Menschen. Also für so ziemlich jeden.

Jetzt verdrehst du vielleicht die Augen und fragst dich, warum du dem Direktor Achtung entgegenbringen sollst, der alle wie auf einem Kasernenhof herumkommandiert.

Oder du fragst dich, warum du den komischen Typen achten sollst, der Gedichte über dich schreibt. Deswegen nenne ich im Folgenden ein paar Gründe, weshalb es in unserem Interesse ist, unsere Schönheit strahlen zu lassen:

Es macht Gott Ehre.
Es macht anderen Menschen Freude.
Es bringt unermesslichen Segen in unser Leben.

ACHTUNG

Ich habe bereits den Vater meiner Freundin Hannah erwähnt und dass er sich nie über seine Chefs beklagte, sondern ihnen stets Achtung entgegenbrachte.

Warum ist das von Bedeutung?

Hannahs Geschichte

Wenn du Hannah fragst, wofür sie sich während der Schulzeit begeistert hat, dann wird sie ohne Zögern antworten, dass Volleyball ihr Leben war. Sie las Bücher über Volleyball. Zum Training kam sie als Erste und sie ging als Letzte. Sie träumte sogar von Volleyball!! Aber sie erzählte mir, dass sie dort nicht nur lernte, wie man pritscht und baggert: Viel wichtiger war, dass ihr Trainer ihr beibrachte, warum Achtung vor der Autorität ein Schlüssel zum Erfolg ist.

Hannah hat nicht immer auf ihren Trainer gehört. Sie war nicht immer davon überzeugt, dass dieser »Gehorsam gegenüber Autoritätspersonen« *so* wichtig ist. Hier ist ihre Geschichte:

Im Sommer vor der zehnten Klasse war es mein Ziel, in der ersten Mannschaft der Schule zu spielen. Dieser leidenschaftliche Wunsch brannte so stark in mir, dass ich an gar nichts anderes mehr denken konnte. Während dieser Sommermonate ermutigte mich mein Trainer, mit der ersten Mannschaft im Sommerlager zu trainieren. Das Training mit den älteren Mädchen brachte mir viel, und als unser Saisontraining begann, war ich mir sicher, dass mein Name auf der Mannschaftsliste stehen würde.

An einem Freitag, nach der Hälfte unseres Trainings, hängte der Trainer die Liste mit den Spielern der ersten und der zweiten Mannschaft aus. Schnell überflogen meine Augen die Liste der ersten Mannschaft … »Hannah Crosby … Hannah Crosby … Wo steht Hannah Crosby?« Zu meiner großen Enttäuschung stand mein Name auf der Liste der zweiten Mannschaft.

Augenblicklich war ich wütend und beleidigt. Mühsam schluckte ich die Zornestränen hinunter, stürmte vom Spielfeld und versteckte mich in einem Treppenhaus. Da saß ich und kochte vor Wut über meine »idiotischen Trainer«, die mir so etwas angetan hatten, und überlegte mir, ob ich nicht ganz aufhören sollte. Schließlich fand mich eine Mannschaftskameradin und zerrte mich zum Training zurück. Für den Rest des Trainings war ich faul, egoistisch und patzig. Es ist mir peinlich, wenn ich jetzt an mein Benehmen an jenem Tag zurückdenke. Es war, als ob ich dachte, ich könnte durch mein respektloses Verhalten meinen Trainer dazu bringen, seine Entscheidung zu ändern!

An jenem Wochenende verbrachte ich viel Zeit alleine in meinem Zimmer und überlegte mir, was ich falsch gemacht hatte. Das Sommerlager schien so gut gelaufen zu sein. Doch nach und nach erinnerte ich mich, dass mir meine Trainer mehrmals in den vergangenen Monaten konkrete Anweisungen zu meiner Technik und meiner Beinarbeit gegeben hatten, und in meinem Herzen wusste ich, dass ich nicht auf sie gehört hatte. Ich hatte ihre Ratschläge in den Wind geschlagen. Ich hatte ein großes Problem mit meinem Stolz, und das beeinflusste meine Reaktion auf ihre Autorität. Als mir das dämmerte, war ich wie vom Blitz getroffen. Ich wünschte mir, ich könnte die vergangenen drei Monate meines Lebens rückgängig machen. Da ich aber die Vergangenheit nicht ändern konnte, beschloss ich, die Zukunft zu ändern, und von da an wurde ich eine andere Spielerin.

Ich ging früh zum Training und blieb bis zum Schluss, um so viel wie möglich zu üben. Ich las Bücher über Sportpsychologie und fand sogar Gefallen an dem Teil des Trainings, den alle anderen hassten: Konditionstraining. Ich wollte unbedingt so viel Aufmerksamkeit wie möglich von der Autoritätsperson bekommen, die mir am meisten helfen konnte: meinem Trainer. Wenn er sprach, spitzte ich die Ohren. Wenn er sagte: »Lauf!«, sprintete ich los. Ich vertraute darauf, dass er mir helfen würde, meine Ziele zu erreichen. Mein Verständnis von Autorität begann sich zu ändern. Schließlich verstand ich, dass ich hervorragend sein würde, wenn ich meinem Trainer gehorchte, weil er am meisten von dem Spiel verstand.

Im Allgemeinen hatte das Wort Autorität für mich immer Regeln, Richtlinien und Konsequenzen bedeutet. Doch in diesem neuen Licht bedeutete Autorität Chance, Weisheit und Triumph. Ich wollte Autorität – ich brauchte Autorität – die mir half, das Beste aus mir zu machen. Nach der Hälfte der Saison waren meine Trainer über die Veränderung, die sie an mir sahen, erfreut und beschlossen, dass meine Zeit zwischen der ersten und der zweiten Mannschaft aufgeteilt wurde. Im Jahr darauf kam ich ganz in die erste Mannschaft und im folgenden Jahr war ich Mannschaftskapitänin.

Die Fähigkeit, diese Lektion zu lernen, verdanke ich meinem Vater. Er hat mir eine solide Arbeitsethik und Verantwortungsbewusstsein beigebracht. Und was noch wichtiger ist: Er hat mir beige-

bracht, dass sich in unserer Haltung und unserem Handeln gegenüber Autorität unsere Einstellung zur Autorität Gottes widerspiegeln. Ich habe Folgendes gelernt: Wenn wir Autorität achten, dann fließt ein Teil dieser Achtung von anderen zu uns zurück. Gutes kommt zurück – nämlich Belohnungen! Und ich sehe diese Wahrheit jeden Tag in der Achtung, die andere Menschen meinem Vater entgegenbringen.

Goldmedaillen und Madonna

Wegen ihres Vaters änderte sich Hannahs Verständnis von Autorität. Anstatt Anweisungen in den Wind zu schlagen, erkannte sie, dass man vom Hören und Befolgen von Ratschlägen profitieren kann. Wenn du für Achtung zu Hause kein gutes Vorbild hast, dann lerne von Gott, wie man sich gegenüber Erwachsenen und Autoritätspersonen verhält.

Lies die folgenden Verse und erkenne, wie Gott will, dass wir uns gegenüber Erwachsenen verhalten.

> *Ordnet euch den staatlichen Gewalten unter, denn das entspricht dem Willen Gottes (1. Petrus 2,13).*

> *… ordnet euch euren Herren unter. Tut, was sie euch sagen, und zwar nicht nur, wenn sie freundlich und vernünftig sind, sondern selbst dann, wenn sie ungerecht handeln. Denn das ist ein Beispiel für die Gnade Gottes, wenn jemand ungerechte Behandlung geduldig erträgt, weil sein Gewissen Gott verantwortlich ist (1. Petrus 2,18-19).*

Nach dem Lesen dieser Verse reagierst du vielleicht so, wie ich reagiert habe, als ich sie zum ersten Mal gelesen habe: *Warum sollte Gott von uns verlangen, einen Mann oder eine Frau zu achten, der bzw. die hart oder ungerecht ist? Das ist nicht fair!*

Vor ein paar Jahren hatte ich das Glück, mit Laura Wilkinson zu arbeiten, einer Kunstspringerin, die 2000 bei den Olympischen Spielen in Sydney die Goldmedaille im Turmspringen gewann. Ich kann nicht über Laura sprechen, ohne ihre Liebe zu Jesus zu erwähnen. Sie springt immer für ihn. Während der Olympischen Spiele

2008 in Peking kommentierte ein Sprecher nach dem anderen ihren beeindruckenden Charakter. Ich muss immer schmunzeln, wenn ich daran denke, wie Laura und ich im Freibad herumhingen und beobachteten, wie die Kinder mit Anlauf ins Becken hüpften … bis Laura sich dem Sprungbrett näherte.

Stell dir vor, Laura und ich sind an einem heißen Sommertag zusammen im Freibad. Wir bitten Laura, uns den tollen Sprung vorzuführen, den wir im Fernsehen gesehen hatten. Nachdem wir sie lange bedrängt haben, gibt sie nach. Doch als sie zu dem hohen Sprungturm gehen will, wird sie vom Bademeister aufgehalten.

»Tut mir leid, aber der hohe Sprungturm ist für unsere Schwimmmannschaft reserviert. Die sind dafür ordnungsgemäß ausgebildet worden. Aber Sie dürfen nur das normale Sprungbrett benutzen.«

»Aber Sie verstehen nicht«, antwortet sie. »Ich bin ordnungsgemäß ausgebildet. Ich habe als Turmspringerin bei den Olympischen Spielen mitgemacht.«

»Ja, und ich bin Madonna«, erwidert der Bademeister mit ungläubigem Sarkasmus.

Kannst du dir Lauras Frustration vorstellen? Wenn der Bademeister nur wüsste, wer sie ist! Da steht er und sagt ihr, einer Goldmedaillengewinnerin, dass sie für den hohen Sprungturm nicht ordnungsgemäß ausgebildet ist! Der hat Nerven! Welch demütigendes Erlebnis.

Hat schon mal jemand deine Talente unterschätzt? Das ist demütigend. Ich weiß von niemandem, der mehr unterschätzt wurde als Gott. Und er nahm es mit wunderbarer Demut hin. Stell dir vor, er verließ ein Leben im Himmel, wo alles herrlich, friedlich und schön ist, um auf der Erde zu leben, mit verschwitzten Achselhöhlen, schmerzenden Gelenken und sauertöpfischen Menschen! Jesus, der die regierenden Könige geschaffen hatte, musste ihnen jetzt gehorchen. Er hat Demut umfassender verstanden, als wir es je tun können. Er war *die* Autorität und jetzt diente er der Autorität. Sein Vorbild kann zweifellos unsere Einstellung zu Gehorsam und Achtung völlig umkrempeln.

Wenn Gott selbst die irdische Autorität geachtet hat, dann müssen du und ich es auch tun – und verglichen mit dem, was Jesus erleiden musste, haben wir es leicht, uns zu fügen. Eine der bemerkenswertesten Eigenschaften, die Gott schenkt, ist Demut, und wenn es jemanden gibt, der etwas von Demut versteht, dann ist es Jesus.

Anmerkung von Max Lucado

Wissen Sie, was das Tollste am Kommen Jesu und an der Menschwerdung Jesu ist?

Nicht nur, dass er die Ewigkeit gegen die Endlichkeit eintauschte.

Das Tollste ist nicht, dass der Eine, der mit den Sternen Murmeln spielte, all das aufgab, um mit Murmeln Murmeln zu spielen.

Das Tollste ist nicht, dass er, der nichts brauchte, innerhalb einer Sekunde Luft, Nahrung, eine Schüssel heißes Wasser und Salze für seine müden Füße brauchte. Und noch dringender brauchte er jemanden – irgendjemanden –, der sich mehr darum sorgte, wo er die Ewigkeit verbringen würde, als darum, wo er seinen Wochenlohn ausgibt.

Auch nicht, dass er sich nicht verteidigte, als ihm die Schuld für jede Sünde eines jeden Menschen, der jemals lebte, aufgeladen wurde.

Nicht einmal, dass er am frühen Ostermorgen stolz lächelnd aus seinem dunklen Loch heraustrat und dem besiegten Luzifer die Frage stellte: »War das alles?«

Das war toll, echt spitze.

Aber möchten Sie wissen, was das Tollste daran war, dass er die Krone des Himmels gegen eine Dornenkrone eingetauscht hat?

Er hat es für Sie getan, nur für Sie.[1]

Ganz normale Menschen mit unserer DNA

Wegen all dem, was Christus für uns und durch uns getan hat, kann er uns helfen, dem schwierigen Lehrer, der weinerlichen Nachbarin und sogar dem patzigen Bademeister gegenüber Nachsicht zu üben. Doch wie ist es mit den Menschen, die uns näher stehen? Oder mit denen wir gar zusammenwohnen? Ich spreche von der Familie. Du weißt schon, die Menschen mit unserer DNA.

Geschwister sind nervig. Ja, ich sage es ganz offen.

Manchmal fällt es sehr schwer, seine Brüder und Schwestern zu lieben, nicht wahr? Ich bin mit zwei jüngeren Schwestern aufgewachsen, also kann ich mich nicht in die Situation der Mädchen versetzen, die Brüder haben. Aber ich möchte ihnen meine Hochachtung ausdrücken!

Ich weiß jedoch gut Bescheid darüber, wie Schwestern streiten. Es gab zwei Bereiche, über die meine Schwestern und ich am meisten stritten: den Beifahrersitz im Auto und Kleidung. Wir stritten so heftig darüber, wer auf der Fahrt zur Schule vorne neben Papa sitzen durfte, dass unser Vater eine Regel aufstellen musste: An ungeraden Tagen saß Andrea vorne und an geraden Tagen ich. Außerdem gab es regelmäßig Katastrophen im Zusammenhang mit Kleidung. Wenn Andrea sich aus meinem Schrank eine Bluse nahm, ohne mich zu fragen, hätte man angesichts meiner Reaktion meinen können, sie hätte sich eines meiner Beine ausgeliehen! Wie konnte sie es wagen, mein wertvolles Hab und Gut zu berühren! (Meine Mutter hatte mir alles gekauft, und doch beanspruchte ich es als »meinen Besitz«.)

Streitest du viel mit deinen Geschwistern oder kommt ihr gut miteinander aus? Gelegentliche Konflikte zwischen Geschwistern sind normal. Doch wenn die Beziehung in eine endlose Rivalität ausartet, dann solltest du dich nach dem Grund fragen. Was kannst du tun, um das zu ändern?

Schönheitstipp
Zwei Kleiderschränke sind besser als einer

Solange Mädchen in der Lage sind, einige für alle annehmbare Grundregeln aufzustellen und sich daran zu halten, kann das Teilen von Kleidungsstücken etwas Tolles sein. Denk mal nach: Wenn ihr, du und deine Schwester, die gleiche Größe habt, bedeutet das doppelt so viele Schuhe, doppelt so viele Kleider, doppelt so viele Accessoires! Hier einige hilfreiche Richtlinien:

- Nimm nie etwas, ohne vorher zu fragen.
- Ersetze alles, was beschädigt wurde.
- Sei genauso bereit zu teilen wie auszuleihen.

Ich weiß, dass der Respekt vor Familienangehörigen manchmal unmöglich scheint, doch die folgende Tatsache ist vielleicht hilfreich: Wir müssen uns daran erinnern, dass unser himmlischer Vater auch der Vater unserer Geschwister und Eltern ist. Wenn du also am liebsten deiner Schwester die Haare ausreißen und deinem Bruder einen Tritt vors Schienbein verpassen würdest, dann denk über Folgendes nach:

> *Wer euch anführen will, soll euch dienen, und wer unter euch der Erste sein will, soll euer Sklave werden. Der Menschensohn ist nicht gekommen, um sich bedienen zu lassen, sondern um anderen zu dienen und sein Leben als Lösegeld für viele hinzugeben (Matthäus 20,26-28).*

Wir wollen alle anführen und der Erste sein, nicht wahr? Und was sollen wir laut diesem Vers tun, um das zu erreichen? Wir müssen demütig handeln! Wir müssen dienen!

Gott möchte, dass wir uns gegenüber unserer Familie und all den Erwachsenen in unserem Leben (ja, auch den gemeinen) demütig verhalten. Er will, dass wir diese Beziehungen als Möglichkeit sehen, andere so zu lieben, wie er uns liebt. Wenn das bedeutet, dass du dich bei deinem Bruder oder deiner Schwester entschuldigen sollst, bevor er oder sie sich bei dir entschuldigt, dann probier es aus! Wenn das bedeutet, dass du aus dem Zimmer gehen sollst, bevor du gegenüber deiner Mutter deinem Ärger Luft machst, dann verlass den Raum mit dem gebotenen Respekt.

Überleg dir, wie du sonst noch zu Hause demütig handeln kannst, und schreib es hier auf:

Accessoires fürs Leben

Liebe – um Gottes Liebe zu uns wissen, damit wir andere lieben können

Schön sein bedeutet, mehr als genug Liebe für andere zu haben. Das ist nicht immer leicht, aber wer hat behauptet, dass das Leben leicht ist? Übrigens, was sagt es über unseren Charakter aus, wenn wir nur zu den Menschen nett sind, die auch nett zu uns sind?

Gott füllt uns mit seiner Liebe, nicht nur, um uns zu zeigen, wie sehr er uns liebt, sondern damit diese Liebe über- und zu anderen weiterfließt. Manchmal ist das Tragen dieses Accessoires ganz natürlich, aber dann wiederum erfordert es etwas Mühe. Beschließe, nur um etwas Übung zu bekommen, heute drei nette Dinge für drei verschiedene Menschen zu tun. Schreib dir auf, wie du dich dabei gefühlt hast und wie du dadurch eventuell gesegnet wurdest.

Sobald wir Gott als unseren Vater betrachten, wird er für uns zum Vorbild dafür, wie wir andere betrachten und mit ihnen umgehen. Möglicherweise sehen wir keine Veränderung an anderen, aber die anderen werden Veränderungen an uns feststellen. Nehmen wir uns also Gott zum Vorbild, damit wir ein Vorbild werden können. Gott wird unsere Beziehungen neu definieren, sie entdramatisieren (welche Frau wünscht sich nicht weniger Dramatik in ihrem Leben?), sie weniger belastend, aber dafür freudvoller und schöner machen.

Gott, ich bitte dich um Leitung in den Beziehungen zu meiner Familie und den Erwachsenen und Autoritätspersonen in meinem Leben. Hilf mir, sie so zu sehen, wie du sie siehst, und sie so zu lieben, wie du sie liebst. Amen.

Kapitel dreizehn
Deine Geschichte

Dieses Kapitel dreht sich nur um dich! Wir nehmen den Begriff »Schönheit« und schreiben eine kleine Geschichte über die Schönheit in deinem eigenen Leben. Klapp jetzt nicht das Buch zu und geh weg! Ich verspreche dir, dass dies keine benotete Aufgabe wird und dass du die Geschichte nicht alleine schreiben musst. Wir können sie zusammen schreiben.

Ich möchte einfach nur, dass du dir in Ruhe die Schönheitstipps, die Accessoires fürs Leben und die Gedanken über Beziehungen in diesem Buch ins Gedächtnis rufst und auf dein eigenes Leben anwendest.

Wenn du das tust, musst du nicht dieses Buch ins Regal stellen und denken:

Jenna, das alles klingt ja ganz toll, aber mein Leben kann nie und nimmer schön aussehen. Es ist unmöglich, dass meine Beziehungen zu meinem Vater oder meiner Mutter oder sogar zu Gott schön aussehen. Und ich weiß nicht, ob ich mich selbst jemals als schön betrachten kann.

Sogar die dunkelsten Geschichten können ein schönes Ende haben. Egal, wie deine Geschichte bisher gelaufen ist, wir werden eine Möglichkeit finden, sie schöner zu machen.

Also, fangen wir an.

Jede Geschichte braucht einen Titel.

Wie wäre es mit … »Mein Leben. Ein Roman«. Abgelehnt, viel zu langweilig. Wie wäre es mit … »Extremes Umstyling«. Nein, das klingt ein bisschen zu abgeschmackt.

Okay, wie wäre es, wenn du selbst einen Titel für deine Geschichte finden würdest.

Schließlich ist es deine Geschichte, nicht meine.

____

____

____

____

____

Jetzt, wo du einen Titel hast, brauchen wir einen ersten Satz, der neugierig macht. »Es war die beste und die schönste Zeit« wurde schon von einem berühmten Mann namens Charles Dickens als erster Satz ausgewählt.

Deshalb brauchen wir etwas Einfacheres. Hm, was ist mit »Es war einmal …«?

Nicht sehr originell, aber dieser Anfang passt für alles! Außerdem, welche Frau wünscht sich nicht eine Geschichte, in der sie eine Prinzessin ist?

Und jede Geschichte mit einer Prinzessin beginnt mit »Es war einmal …«. Los geht's:

Es war einmal eine Prinzessin, die__________________ hieß und in

____________________________ *in einem großen Schloss lebte*

(das mit dem Schloss ist wahrscheinlich etwas übertrieben).

Jetzt analysieren wir die Familiensituation, in die du hineingeboren wurdest. Schreib auf die folgenden Linien etwas über deine Eltern.

Haben sie zusammen gelebt? Kennst du beide Elternteile? Wurdest du adoptiert? Ließen sich deine Eltern scheiden? Schreib dann, wie viele Geschwister du hast und welchen Platz in der Geschwisterreihe du einnimmst. Bist du die Älteste, die Jüngste, die Mittlere?

Du erinnerst dich sicher, dass wir darüber gesprochen haben, dass unser Vater die Hauptperson ist, die beeinflusst, wie schön wir innerlich und äußerlich sind? Schreib also etwas über deinen irdischen Vater. Der Platz ist leider beschränkt, aber du kannst auch auf den Seitenrand oder auf die Umschlagrückseite schreiben. Wenn du nicht gerne schreibst, kannst du auch ein Bild malen. Hey, es ist deine Geschichte! Mach, was du willst. Hier einige mögliche Themen:

Wo arbeitet dein Vater? Ist er verheiratet, ledig oder hat er eine Freundin? Welche Hobbys hat er? Was für ein Vater ist er? Wie ist deine Beziehung zu ihm?

Wir haben auch gesehen, dass alle irdischen Väter versagen und Mist bauen, stimmt's? Manchmal hat der Mist, den sie bauen, ziemlich hässliche Auswirkungen. Unser Vater kann uns nicht alles Hirnrissige im Leben ersparen. Jetzt kommt der Teil der Geschichte, wo wir über ein Problem sprechen müssen. In jeder Geschichte gibt es ein Problem. Das Problem in deiner Geschichte dreht sich um die Frage: *Wodurch wurden schöne Beziehungen in deinem Leben verhindert und wodurch wurde verhindert, dass du dich selbst als schön empfindest?* Vielleicht willst du dir an dieser Stelle nichts vormachen und offen über die Verletzungen schreiben, die dein Vater oder deine Mutter dir zugefügt haben. Unter Umständen willst du dich auch mehr auf die Lügen deiner Bekannten oder der Medien konzentrieren. Oder möglicherweise willst du mehr über dich selbst und deine schlechten Gewohnheiten schreiben, sei es eine Sucht oder Egoismus, ein lang gehegter Groll oder eine Undankbarkeit.

Was sind die Probleme, die verhindern, dass du das schöne Leben führst, das Gott dir schenken will, und dass du das schöne Ich kennenlernst, zu dem Gott dich berufen hat?

Weil du dich dadurch verletzlich machst, werde auch ich mich verletzlich machen. Ein Problem in meiner Geschichte war die Unsicherheit, die ich wegen des Erfolgs meines Vaters empfand. Ich dachte, ich würde immer nur »Max Lucados Tochter« sein und nie einfach »Jenna«. Deshalb schuf ich all die falschen Erwartungen an mich. Ich dachte, ich müsse die perfekte, erfolgreiche Tochter sein, weil jeder das von mir erwarten würde. Es hat lange gedauert, bis ich verstanden habe, dass meine Identität nichts mit dem Erfolg meines Vaters und nicht einmal mit meinem Erfolg zu tun hat.

Wegen des Problems in unserer Geschichte treffen wir falsche Entscheidungen: Wir haben ungesunde Beziehungen. Meine Kusine Holly weiß, was es bedeutet, unter dem Problem in ihrer Lebensgeschichte zu leiden.

Hollys Geschichte

Sie war acht Jahre alt, als sie die Worte hörte, die ihr Leben für immer veränderten: »Wir lassen uns scheiden.« Sie erzählte mir, dass sie sich als Kind wie ein Tischtennisball vorkam, der von einem Haus zum anderen hüpfte. Sie rannte sogar von zu Hause weg, weil sie es satt hatte, dauernd ihre Tasche zu packen. Sie sehnte sich nach Beständigkeit und kam mit der Situation nicht klar. Sie sehnte sich nach einer harmonischen Familie, war aber zwischen zwei streitenden Elternteilen hin und her gerissen. Sie sehnte sich nach der Liebe ihres Vaters, doch er lebte woanders.

Als sie größer wurde, erkannte Holly, wie sehr die Entscheidung ihres Vaters, ihre Mutter zu betrügen, viele Bereiche ihres Lebens bestimmt hatte. Zum Beispiel stritt sie sich mit ihrem Bruder, weil er immer für ihren Vater Partei ergriff, während sie auf der Seite der Mutter stand. Es fiel ihr auch schwer, Männern zu vertrauen, weil der erste Mann in ihrem Leben ihre Mutter betrogen hatte. Und wegen der Scheidung war sie böse auf Gott. Sie fragte, warum er so etwas zulassen konnte.

Schreib einige der Bereiche auf, wo die Probleme in deiner Geschichte deine Lebensanschauung oder deine Beziehungen negativ beeinflusst haben.

Nach diesem Teil willst du vielleicht die Geschichte nicht mehr weiterschreiben. Nachdem du dich mit den Problemen in deinem Leben näher beschäftigt hast, möchtest du dieses Buch möglicherweise aus dem Fenster werfen. Du weißt nicht, wie aus alledem etwas Schönes entstehen kann. Egal, was du denkst, verlier die Hoffnung nicht. Ich habe eine gute Nachricht! Du musst den Rest deiner Geschichte nicht schreiben! Erinnerst du dich, was wir einige Kapitel früher besprochen haben? Wir redeten über deinen himmlischen Vater. Nun, zufällig ist er ein Bestseller-Autor, der sich auf Happy Ends spezialisiert hat. Er wird den Rest deiner Geschichte schreiben. Ich habe ihn eingeladen, zu kommen und dir zu helfen. Doch er hat mir gesagt, dass meine Einladung nicht genügt. Er braucht eine Einladung von *dir*.

Gott sehnt sich danach, die Asche aus deinem Leben zu entfernen und sie in Schmuck zu verwandeln (Jesaja 61,3). Er will dir helfen, deine Geschichte anzunehmen und an ihr zu wachsen. Das geht aber nur, wenn du ihn die Feder führen lässt. Wenn Gott deine Geschichte schreibt, dann kann ich dir garantieren, dass dein Leben nicht genauso wird, wie du es geplant hast, doch zweifellos wirst du ein himmlisches »glücklich und zufrieden für immer und ewig« erleben.

Anmerkung von Max Lucado

Ihr Leben wird sehr viel reicher sein, als Sie es sich je ausgemalt haben. Ihre Geschichte wird etwas enthalten, was jetzt noch nicht zu lesen ist. Ihr Lied wird anders weitergehen als die Strophen, die Sie bisher gesungen haben. Ein guter Autor bewahrt sich das Beste für den Schluss auf. Ein begabter Komponist hebt sich das Schönste für das Ende auf.

Und Gott, der Urheber des Lebens und der Komponist der Hoffnung, verfährt ebenso.

Das Beste kommt erst noch.

Und deshalb flehe ich Sie an: Geben Sie nicht auf.

Ich ermutige Sie dazu: Gehen Sie den Weg bis zum Ende.

Darum ermahne ich Sie: Erreichen Sie das Ziel.

Sie sollen da sein, wenn Gott Ihren Namen flüstert.[1]

Wenn du bereits Schönheit in deinen Beziehungen und in dir selbst siehst, dann sage ich dir, dass Gott deine Geschichte noch schöner machen will. Verpass das nicht!

Wie erschafft Gott ein schönes Ende? Zunächst wartet er darauf, dass wir ihm die Feder übergeben und ihn bitten, den Lauf unserer Geschichte zu ändern. Wenn wir Gott einladen, unser erster und wichtigster Vater zu werden, bearbeitet er unsere Einstellung zu unseren Problemen. Er bearbeitet unsere Reaktionen in unseren Beziehungen. Gott bearbeitet das Bild, das wir uns von uns selbst und von ihm machen. Er macht unsere Geschichte schön.

Bist du bereit, dem Einen, der deine Geschichte schreiben will, das Schreiben zu überlassen? Wenn ja, dann ist das super. Wenn nicht, bitte Gott, dir zu helfen. Jetzt ist der ideale Zeitpunkt, ihn zu bitten, auch dein Herz zu übernehmen. Verbring eine Minute mit Gott und bitte ihn, die Herrschaft über dein Herz und deine Geschichte zu übernehmen.

Wie schreibt Gott ein schönes Ende? Er benutzt die Probleme in deiner Geschichte, um dich zu einer stärkeren Persönlichkeit zu machen. Er benutzt die Probleme in deiner Geschichte, indem er Menschen in dein Leben schickt, die die gleichen Schwierigkeiten durchmachen. Und er benutzt die Probleme in deiner Geschichte, um dich näher zu ihm zu ziehen. Lies den Rest von Hollys Geschichte, dann verstehst du, was ich meine.

Ein schönes Ende

Holly erzählte mir, dass in ihrer Geschichte eine neue Seite aufgeschlagen wurde, als sie sich an Gott wandte. Sie erklärte, dass Gott und die Mitglieder ihrer Kirchengemeinde ihr halfen, ihrem Vater zu vergeben – ein Schritt, der sie von Zorn und Groll befreite. Sie nahm an einer Gruppe für Scheidungskinder teil, die von ihrer Kirchengemeinde organisiert wurde. Diese Gruppe hat sie sehr ermutigt, und inzwischen hilft sie selbst anderen Kindern, die das erleben, was sie erlebt hat. Sie entwickelte eine neue und stärkere Beziehung zu ihrem Vater, weil sie ihren perfekten Vater lieben gelernt hatte. Außerdem hat sie den Mann ihrer Träume gefunden und ist seit etwa sechs Jahren glücklich verheiratet.

Vielleicht ist das Problem in deiner Geschichte so bedrückend, dass du nicht einmal darüber schreiben, geschweige denn ein Licht am Ende dieses dunklen Tunnels sehen kannst. Wenn dem so ist, kannst du dich vielleicht mit der folgenden Geschichte identifizieren.

Joyces Geschichte

In ihrem Buch *Schönheit statt Asche* erzählt Joyce Meyer ihre Geschichte. Solange sie zu Hause lebte, wurde Joyce als Kind von ihrem Vater sexuell missbraucht. Wenn sie versuchte, es ihrer Mutter zu sagen, glaubte diese dem Vater. Dieser behauptete, dass Joyce lüge. Joyce erinnert sich daran, wie Angst ihren ganzen Körper durchdrang, wenn sie hörte, wie er nachts den Schlüssel im Schloss drehte.[2] Angst beherrschte ihr Leben, und diese Angst war so lähmend, dass sie nicht einmal Freundschaften schließen konnte.

Lange Zeit fühlte Joyce sich innerlich verkrampft. Jahrelang blieb sie in einer abgrundtiefen Hoffnungslosigkeit gefangen, bis sie begann, sich mit Gottes Wort zu stärken. Schließlich legte sie die Feder aus der Hand und ließ Gott ihre Geschichte zu Ende schreiben. Doch wie konnte er ihre Tragödie in einen Triumph verwandeln?

Joyce berichtet in ihrem Buch, dass sie der Wahrheit über sich selbst ins Gesicht schauen musste, bevor sie ein neues Leben beginnen konnte.[3] Der Wahrheit ins Gesicht zu schauen bedeutete für Joyce, anzuerkennen, welch negative Einstellung sie wegen der unverheilten Wunden aus ihrer Vergangenheit gegenüber der Welt hatte.

Welcher Wahrheit über dich musst du ins Gesicht schauen?

Schönheitstipp

Die innere Schönheit finden

Vielleicht wurdest du von deinem Vater missbraucht oder misshandelt. Vielleicht ist dein Vater wunderbar. Gleichgültig, wie deine Geschichte aussieht, jeder Mensch hat geheime Unsicherheiten. Wenn dich tief im Inneren etwas quält, dann zeigt sich das äußerlich daran, wie du dich verhältst, wie du dich kleidest, wie du nachts schläfst. Hier nur einige Vorschläge aufgrund von Joyces Geschichte, die dir eventuell helfen können, dein Inneres schön zu machen, damit du äußerlich schön sein kannst.

- Du musst der Tatsache ins Auge schauen, dass du verletzt worden bist. Die ganze Zeit versuchst du, den Schmerz achselzuckend abzutun. Doch je mehr du versuchst, den Schmerz zu ignorieren, desto mehr läufst du davon. Und vor einem Problem davonzulaufen ist nie eine Lösung.
- Prüfe deine Symptome. Liegst du viel im Bett oder isolierst du dich von anderen? Bist du die ganze Zeit traurig oder ist deine Welt immer grau? Streitest du viel mit Freunden und Familienangehörigen? All das sind Symptome eines unterdrückten oder bedrückten Herzens.
- Stell dich deinem Hass auf deinen Vater, deinem Hass auf dich selbst oder deinem Hass auf den Menschen, der dich verletzt hat. Oder – und das ist ein großes Oder – ist es jetzt an der Zeit, offen deinen Zorn auf Gott einzugestehen?
- Sprich mit einem Menschen, zu dem du Vertrauen hast. Das ist wichtig! Geheime Wunden heilen nicht. Ich bitte dich dringend, insbesondere, wenn du missbraucht oder misshandelt wirst, sofort Hilfe zu suchen und mit jemandem über deinen Schmerz zu reden.

Dir muss klar sein: Solange wir uns nicht mit dem befassen, was in unserem Herzen vor sich geht, übergeben wir Gott nicht die Feder, damit er eine Geschichte der Heilung und Erlösung schreiben kann. Und dann können wir auch nicht uneingeschränkt lieben.

Eine andere Wahrheit, der Joyce ins Auge blickte, war die harte Kindheit, die ihr Vater erlebt hatte. Er selbst war missbraucht worden und wusste deshalb auch nicht, wie man als Vater angemessen und richtig handelt.

Das ist natürlich keine Entschuldigung für sein Verhalten. Aber sie konnte Mitgefühl für ihn empfinden.

Hast du die Geschichte betrachtet, die den Hintergrund deines Problems bildet?

Hast du mit dem Menschen, der dich verletzt hat, über seine eigene Vergangenheit gesprochen? Beruht diese ungesunde Beziehung in deinem Leben vielleicht auf einem zerrütteten Familienleben?

Ich bitte dich jetzt, Folgendes zu versuchen. Geh zu dem Abschnitt zurück, in dem du deine Probleme beschrieben hast und wie diese Probleme sich auf verschiedene Bereiche deines Lebens ausgewirkt haben. Jetzt bitte ich dich, ein Gebet aufzuschreiben, in dem du Gott bittest, jedes deiner Probleme konkret zu benutzen und in etwas Schönes zu verwandeln. Hier ist ein Beispiel aus meinem Leben:

Gott, wegen der vielen Freundinnen, die mich in der Vergangenheit im Stich gelassen haben, wegen der vielen Freundinnen, die mich nicht um meiner selbst willen geliebt haben, fällt es mir schwer, ich selbst zu sein. Wirst du das so benutzen, dass ich mein Selbstwertgefühl und meine Identität von dir abhängig mache? Wirst du das so benutzen, dass ich immer daran denke, meine Freundinnen in ihrer Einzigartigkeit zu ermutigen?

Accessoires fürs Leben

Freude – die Quelle aller Freude kennen

Joyce fand in ihrer Geschichte Freude. Jedes Jahr spricht sie vor Tausenden von Frauen über Gott und seine Treue in ihrem Leben. Sie hat zahlreiche Bücher geschrieben und ihre Erfahrungen benutzt, um anderen, die in einem problematischen Teil ihrer Lebensgeschichte feststecken, Freude zu bringen. Noch mehr Freude fand sie in ihrer Begeisterung für Gottes Wort.

In Gottes Wort findest du alles, was du brauchst, um zerbrochene Beziehungen in Ordnung zu bringen, um dein Herz zu heilen und ein Leben voller Freude zu führen! Doch die Sache hat einen Haken: Es genügt nicht, die Bibel zu lesen, man muss nach ihr leben. In der Bibel steht, »dass ein Glaube, der nicht zu guten Taten führt, wertlos ist« (Jakobus 2,20).

Wahre Freude entsteht, wenn wir das schöne Leben führen, zu dem Gott uns in seinem Wort berufen hat. Probier es aus! Schreib dir Verse auf, die dir helfen, mehr zu vergeben, mehr zu lieben und mehr zu dienen. Du kannst sogar die Verse, die ich dir in diesem Buch genannt habe, ausschneiden! Der Anfang ist vermutlich nicht leicht, aber ich verspreche dir, dass die Freude allmählich jedes dunkle Loch verschlucken wird, je mehr du dich an Jesus und seine Worte des Lebens hältst.

Wenn in deinem Leben bisher alles glatt gelaufen ist, dann vergiss nicht, dass Gott deine positiven Erfahrungen benutzen will, um dich zu formen. Und er möchte, dass du dein Wissen, wie ein guter Vater ist, wie gesunde Beziehungen und ein starkes Selbstwertgefühl aussehen, benutzt, um Mädchen zu helfen, die nie ein positives Vorbild gekannt haben. Wenn du dieses Buch gelesen hast, siehst du vermutlich dieses zickige Mädchen in der Schule oder deine mürrische Kollegin mit anderen Augen. Jetzt fragst du dich vielleicht, ob sie ein gutes Zuhause hat und ob sie weiß, dass sie einen perfekten Vater hat, der sie liebt. Möglicherweise will Gott, dass du, aufgrund dessen, was du gelernt hast, auf einen anderen Menschen zugehst.

Wie möchtest du deine Geschichte beenden? Willst du bitter, gleichgültig, verletzt, wütend oder niedergeschlagen bleiben? Oder willst du zulassen, dass Gott dein Leben neu macht, und Gesundheit, Freude und Frieden entdecken? Es wird Zeit, ihm die Feder zu überlassen, damit er dein Leben schön machen kann.

Kapitel vierzehn
Das vollkommene Versprechen

Als ich in der siebten Klasse war, machte mein Vater meinen Schwestern und mir zum Valentinstag ein unschätzbares Geschenk, das ich nie vergessen werde. Er schrieb einen Brief, druckte ihn dreimal aus und rahmte jedes Exemplar ein, eines für jede von uns. Sie lagen auf dem Küchentisch, als wir die Treppe herunterstürmten und uns auf Schokolade, Blumen, herzförmige Luftballons und süße Teddybären freuten. Kannst du dir vorstellen, wie komisch wir dreinschauten, als wir einen eingerahmten Brief als Geschenk bekamen? Damals verstand ich nicht, dass dieses Stück Papier mehr bedeutete als Blumen, die sowieso bald verwelken. Die Worte auf diesem Papier halfen mir, zu der Person zu werden, die ich bin.

Der Brief war ein Versprechen, aber kein Versprechen wie »die Wahrheit und nichts als die Wahrheit zu sagen, so wahr mir Gott helfe«. Es war kein Versprechen unseres Vaters, nie einen Fehler zu begehen.

Und es war auch kein Versprechen, uns alles zu kaufen, was wir uns wünschten, oder uns die begehrten Filme anschauen zu lassen, die erst ab 13 Jahren freigegeben waren und die alle unserer Freundinnen anschauen durften. Nein. Es war besser als das alles.

Es war das Versprechen unseres Vaters, uns nie zu verlassen. Es war sein Versprechen, uns zu lieben, für uns zu sorgen, unserer Mutter treu zu bleiben und uns als Vater treu zu bleiben. Es war sein Versprechen, unsere Mutter immer zu ehren und uns immer zu schützen.

Wie konnte man erwarten, dass ich in diesem Alter die Bedeutung dieses Geschenkes verstand? Bewusst empfand ich wegen des Geschenks keine Veränderungen in meinem Herzen. Heute ist mir aber klar, dass dieses Versprechen mir tief in meiner Seele geholfen hat, zu einem Mädchen heranzuwachsen, das Gott vertraut, das weiß, wie man liebt, das sich sicher in der Liebe seiner Eltern geborgen weiß, das weiß, wie Verbindlichkeit und Hingabe aussehen, das Hoffnung hat, das glaubt, dass Träume wahr werden, und das vor allem weiß, warum Gott »Vater« genannt werden will.

Ein wahrer Vater liebt, vergibt, verlässt einen nie, tröstet, hört zu, hilft, erzieht und ermutigt. Das Versprechen, das mein Vater mir am Valentinstag gegeben hat, hat mir gezeigt, wie diese Liebe aussieht.

Du hast einen Vater, der dir das gleiche Versprechen gibt. Du hast einen Vater, der Liebe ist (siehe 1. Johannes 4,8). Er trägt dich durch lange, dunkle Nächte und freut sich mit dir an glücklichen Tagen. Er freut sich an dir, wenn du dich nicht an dir freust, und er vergibt dir, wenn du dir selbst nicht vergeben kannst. Er gibt dir alles, was du je benötigst, und er führt und leitet dich auf deinem Weg.

Bevor wir uns verabschieden, möchte ich dir einen Teil des Briefes zeigen, den mein Vater mir geschenkt hat. Lies ihn als Brief von deinem perfekten Vater an dich, seine geliebte Tochter. Saug wie ein Schwamm jedes Wort in dich auf, weil er dir das gleiche Versprechen gegeben hat: »Ich werde dich nie verlassen und dich nicht im Stich lassen« (Hebräer 13,5).

Liebe _______________ (Setze deinen Namen ein)!
Ich habe ein besonderes Geschenk für dich. Mein Geschenk ist Wärme in der Nacht und sonnige Nachmittage, Spaß und Lachen und Samstage voller Glück. Wenn es draußen stürmisch ist, will ich, dass du bei mir in Sicherheit bist. Das ist es, was ich dir schenken will.
Doch wie gebe ich dir dieses Geschenk? Gibt es einen Laden, in dem Lachen verkauft wird, oder einen Katalog, der Küsse anbietet? Nein. Solche Kostbarkeiten kann man nicht kaufen. Aber man kann sie schenken. Und ich werde dir erklären, wie ich sie dir schenke.

Dein Geschenk ist ein Versprechen: das Versprechen, dass ich dich immer lieben werde. Ich werde dich nie verlassen. Du wirst nie aufwachen und feststellen, dass ich weggegangen bin. Du wirst nie entdecken, dass ich davongelaufen bin. Du wirst mich immer als deinen Vater haben. Und ich werde dich immer als meine Tochter in Ehren halten.
Das ist mein Versprechen.
Das ist mein Geschenk.
In Liebe,
Dein himmlischer Vater

Wenn du das gelesen hast, willst du vielleicht das tun, was mein Vater für mich getan hat: das Versprechen ausschneiden (ja, ich erlaube dir, dieses Buch zu zerschneiden) und einrahmen. Dann wirst du jeden Tag an deinen perfekten Vater denken, der dich immer lieben wird, egal, was geschieht.

Wirklich, dieses Umstyling hat Spaß gemacht. Wir sprachen über viele verschiedene Möglichkeiten, dein Erscheinungsbild zu ändern, und ich war wirklich gerne mit dir zusammen! Vielleicht kreuzen sich unsere Wege eines Tages wieder. Doch bis dahin bitte ich dich um Folgendes:

Lerne Gott als deinen Vater kennen. Wenn du das tust, wird er deine Beziehungen neu definieren, sie entdramatisieren und auf ihn ausrichten, sie liebevoll und ermutigend gestalten. Er wird dein Selbstbild neu definieren, dich zuversichtlicher und fröhlicher machen und dir helfen, ihn mehr zu ehren. Er wird dein Gottesbild neu definieren und dir helfen zu verstehen, wer er wirklich ist – ein perfekter Vater, der dich nie verlassen wird, der dich immer liebt und der will, dass du zu der Frau wirst, zu der er dich geschaffen hat. Dein ganzes Leben wird schöner, wenn du weißt, was Gott sieht, wenn er dich anschaut.

Dank

Dieses Buch war Teamarbeit! Allen, die an diesem Buch mitgewirkt haben, danke ich ganz herzlich. Hier nenne ich einige Personen namentlich, die mich durch diese Erfahrung hindurchgetragen haben.

MacKenzie Howard – Ich würde nicht so viel mit mir arbeiten wollen, wie du es tun musstest! Doch weil du die perfekte Kombination aus Intelligenz, Kreativität, Bescheidenheit und Freundlichkeit bist, hast du gelernt, mich zu ertragen. Für mich bist du mehr als eine fabelhafte Lektorin; du bist meine neue Freundin geworden.

Laura Minchew – Du bist viel zu genial, und doch hast du dir die Zeit genommen, das erste einfache Werk einer Anfängerin zu lektorieren. Danke für deine Weisheit. Danke für deine Unterstützung. Danke für deine Geduld. Und danke, dass du nicht zu cool warst, um mir kleinem Licht zu helfen.

Greg Jackson und Mandi Cofer – Greg, ich glaube nicht, dass der alte Spruch »Beurteile ein Buch nicht nach dem Einband« auf dich zutrifft, weil deine künstlerische Fähigkeit, ein Buch äußerlich lebendig zu gestalten, unglaublich ist. Mandi, allen Respekt – du hast den Text meisterhaft in ein Kunstwerk verwandelt. Tolle Arbeit, ihr beiden!

Mary Graham – Wenn du mich nicht gebeten hättest, hätte ich dieses Buch nie geschrieben. Danke, dass du an mich geglaubt hast. Später möchte ich einmal so wie du werden.

Amy Chandy – Zunächst hast du mich eingeschüchtert, doch jetzt erstaunst du mich. Du hörst nie auf zu träumen. Du hörst erst auf, wenn der Traum Wirklichkeit ist. Danke, dass du einen meiner Träume hast Wirklichkeit werden lassen, indem du es ermöglicht hast, dass ich zu dem besten Team der Welt gehöre. Ich bewundere dich, Amy!

Mama – Danke, dass du mit mir weinst, wenn ich weine, und mit mir lachst, wenn ich lache. Egal, was ich erlebe, dir gelingt es, dich in die Verrücktheiten, die sich in meinem Kopf abspielen, einzufühlen. Bei dir finde ich immer Weisheit und eine Umarmung. Ich liebe dich.

Andrea und Sara – Die Hälfte des Buches handelt von euch. Das Leben mit euch hat mich zu meinen Geschichten angeregt und ihr gebt mir immer noch Anregungen. Andrea, von dir lerne ich, andere Menschen zu lieben, abenteuerlich zu leben und tausend Fragen zu stellen. Sara, von dir lerne ich, die Dinge geistlich zu sehen, laut zu lachen und weniger zu reden. Ich liebe euch beide wahnsinnig.

Brett – Du warst meine größte Ablenkung. Ich habe mich immer wieder dabei ertappt, wie ich am helllichten Tag von dir träumte, anstatt am laufenden Band Kapitel zu produzieren! Sobald ich dir meine Hand gegeben habe, hast du sie fest gehalten, durch alle Höhen und Tiefen dieses Buches hindurch. Du bist mein engster Freund, meine einzig wahre Liebe und mein Schaukelstuhl-Kamerad. Du bist mein Schatz.

Ich mache jetzt Schluss. Ich möchte all den Mädchen danken, die mir ihre Geschichten anvertraut haben. Ihr seid die Stimme dieses Buches. Ohne eure Offenheit gäbe es dieses Buch nicht. Benutzt eure Geschichten auch in Zukunft. Das ist die beste Möglichkeit, sie zu etwas Schönem zu machen.

Anmerkungen

Kapitel 3

[1] Vgl. Pruett, *Father Need* (New York: The Free Press, 2000), 45.
[2] Vgl. *Father Facts* (Gaithersburg, MD: National Fatherhood Initiative, [5]2007), 136.
[3] Vgl. Leman, *What a Difference Daddy Makes* (Nashville: Thomas Nelson, 2000), 7.
[4] Vgl. Blakenhorn, *Fatherless America,* http://www.americanexperiment.org/publications/1993/19930113 blankenhorn.php, 13.01.1993.
[5] Vgl. Popenoe, *Life Without Father* (Cambridge, MA: Harvard University, 1996), 149.
[6] Vgl. a.a.O., 143.
[7] Vgl. Robinson, *Longing for Daddy* (Colorado Springs: WaterBrook, 2004), 120.
[8] Vgl. Popenoe, *Life Without Father,* 143.
[9] Vgl. *Father Facts*, 71.
[10] Vgl. a.a.O., 69.
[11] Vgl. Pruett, *Father Need*, 38.
[12] Vgl. Robinson, *Longing for Daddy*, 41.
[13] Vgl. Leman, *What a Difference a Daddy Makes,* 159.

Kapitel 4

[1] Vgl. Sellers, *Q&A: Dr. Meeker on »Strong Fathers, Strong Daughters«,* Human Events, 2006, http://www.humanevents.com/article.php?id=17444, 19.04.2010.
[2] Vgl. Lucado, *God's Inspirational Promises* (Nashville: Thomas Nelson, 2001, 1996), 93.
[3] Meyer, *Schönheit statt Asche: Empfange Heilung für deine Gefühle* (Hamburg: Joye Meyer Ministries, [3]2009), 191.
[4] Lucado, *In den Armen Gottes: 31 Impulse für Ihr geistliches Leben* (Marburg: Francke, 2007), 117-119.

Kapitel 5

[1] Lucado, *Wenn Gott dich sanft beim Namen ruft* (Holzgerlingen: Hänssler, [2]2001), 94.
[2] A.a.O, 90-95.

Kapitel 6

[1] Lucado, *Wenn Gott dich sanft beim Namen ruft,* 108-109.
[2] Lucado, *Weil Gott dich trägt* (Holzgerlingen: Hänssler Verlag, 1999), 193-194.
[3] Lucado, *Das Haus Gottes* (Holzgerlingen: Hänssler Verlag, 2004), 19.

Kapitel 7

[1] Vgl. Lucado, *And the Angels Were Silent* (Nashville: Thomas Nelson, 1992), 58-59.

Kapitel 8

[1] Vgl. DeMoss, *Lies Women Believe* (Chicago: Moody, 2001), 68.
[2] Vgl. DeMoss, *Lügen, die wir Frauen Glauben* (Holzgerlingen: Hänssler 2004)
[3] Lucado, *Staunen über den Erlöser* (Holzgerlingen: Hänssler, 2008), 38.

Kapitel 9

[1] Lucado, *Werden wie Jesus* (Holzgerlingen: Hänssler Verlag, 2004), 7-8.

Kapitel 10

[1] Vgl. Eastham, *The Truth About Guys* (Nashville: Thomas Nelson, 2006), 122.

[2] Vgl. Lucado, *The Applause of Heaven* (Nashville: Thomas Nelson, 1996), 61-62.

Kapitel 11

[1] Lucado, *Liebe im Überfluss: Inspirationen aus 1. Korinther 13* (Asslar: Schulte und Gerth, 2008), 14.

[2] Vgl. Lucado, *On the Anvil* (Wheaton, IL: Tyndale, 1985), 127.

Kapitel 12

[1] Lucado, *Weil du es ihm wert bist, wählte er die Nägel* (Holzgerlingen: Hänssler Verlag, 2001), 33-36.

Kapitel 13

[1] Lucado, *Wenn Gott dich sanft beim Namen ruft,* 166-167.

[2] Meyer, *Schönheit statt Asche* 25.

[3] A.a.O., 97.